This Book Offers Free Bonus Puzzles

Available Here:

BestActivityBooks.com/WSBONUS20

5 TIPS TO START!

1) HOW TO SOLVE

The Puzzles are in a Classic Format:

- Words are hidden without breaks (no spaces, dashes, ...)
- Orientation: Forward & Backward, Up & Down or in Diagonal (can be in both directions)
- Words can overlap or cross each other

2) LEVEL UP THE GAME!

A space is provided next to each word to write new ones, translations or notes. We also offer a convenient **NOTEBOOK** at the end of this edition. It can help you organize your annotations, new words and/or observations.

3) TAG YOUR WORDS

Have you tried using a tag system? For example, you could mark the words which have been difficult to find with a cross, the ones you loved with a star, new words with a triangle, rare words with a diamond and so on...

4) EASY TO CUT!

The Puzzles come with an Extra Large margin to easily cut the page out of the book. Some people may feel it more convenient to solve them this way.

5) FINISHED?

Go to the bonus section: **MONSTER CHALLENGE** to find a free game offered at the end of this edition!

Want **more fun** and activities to **relax? It's Fast and Simple!** An entire Game Book Collection **just one click away!**

Find your next challenge at:

BestActivityBooks.com/MyNextWordSearch

Ready, Set... Go!

Did you know there are around 7,000 different languages in the world? Words are precious.

We love languages and have been working hard to make the highest quality books for you. Our ingredients?

One part easy-to-read print, three parts entertainment, then we add some challenging words and a pinch of rare ones. We brew them with care to serve you lots of fun and an opportunity to solve the best puzzles.

Your feedback is essential. You can be an active participant in the success of this book by leaving us a review. Tell us what you liked most in this edition!

Here is a short link which will take you to your Amazon orders review page.

BestBooksActivity.com/Review50

Thanks for your fidelity and enjoy the Game!

Delta Classics Team

1 - Antiques

```
V H J D Y I S T X Z V W J V
G E R A W S R E I L E W U J
O A I O J E S L E B U E M H
D V L L M A H U N C K L G E
D T X E I F X M O K U E E A
N M L S R N R D W Q N G K B
F U H O G Y G K E I S A E I
B E L E G G I N G K O N I P
G E H A L T E R N C A T T R
H E R S T E L U O G M D N Y
S T Y L R M Y Q G O M U E S
W A A R D E E T N U M C T S
D E K O R A T I E W E A U B
B E E L D H O U W E R K O M
```

KUNS
VEILING
OUTENTIEKE
EEU
MUNTE
DEKADES
DEKORATIEWE
ELEGANT
MEUBELS
GALERY

BELEGGING
JUWELIERSWARE
OU
PRYS
GEHALTE
HERSTEL
BEELDHOUWERK
STYL
ONGEWONE
WAARDE

2 - Food #1

```
N S L F M R S S Z D T A C I
E P X R E E P A O Y O A F M
O I B B L K V N P P F R A A
M N H N K I N U Z Z U B U J
E A O A M U I T I L D E M V
L S G A R S O Y O C M I W Z
R I F S O O K L E P P A O U
U E K Y L E F F O N K R R I
U F K N E A P E M Y B A T M
S O U T E J A C T G G A E J
X T Z W N O Z I H H G P L O
X Q O I A O H L R E I J E D
Y Z R N K R Y H D E E T X W
B A S I L I E K R U I D A J
```

APPELKOOS
GARS
BASILIEKRUID
WORTEL
KANEEL
KNOFFEL
SAP
SUURLEMOEN
MELK
UI

PEER
SLAAI
SOUT
SOP
SPINASIE
AARBEI
SUIKER
TOFU
TUNA
RAAP

3 - Exploration

```
V  R  I  F  O  P  K  T  U  F  B  P  A  D
E  E  C  N  C  N  H  U  E  K  E  O  S  I
R  N  Q  R  T  X  B  P  L  R  X  P  C  E
R  G  H  K  G  T  K  E  F  T  R  K  A  R
E  N  G  R  P  G  L  R  K  C  U  E  G  E
C  I  N  I  O  N  A  A  L  E  G  R  I  A
Y  K  I  L  R  A  A  V  E  G  N  G  E  N
A  K  T  I  W  I  T  E  I  T  I  D  W  F
W  E  T  M  I  U  R  G  N  V  D  E  U  U
S  D  U  R  E  I  S  M  V  U  N  O  N  X
C  T  P  W  I  L  D  E  K  P  I  M  S  M
T  N  T  B  U  S  Z  W  G  T  W  P  S  F
A  O  I  E  H  G  U  X  S  R  P  V  C  W
G  H  U  R  E  E  L  E  T  M  O  H  F  V
```

AKTIWITEIT   NUWE
DIERE   GEVAARLIK
MOED   SOEKE
KULTURE   RUIMTE
ONTDEKKING   TERREIN
VERRE   OM TE LEER
OPWINDING   REIS
UITPUTTING   ONBEKEND
GEVARE   WILDE
TAAL

4 - Measurements

```
K S K I L O M E T E R T P L
M H E T P E I D O M L Z O I
E O L N M I N U U T W I V N
T O A A T J Z W L J X Z I P
E G M X Q I L E N G T E S D
R T I H V H M Y P Y G R A M
G E S U D R I E V X Q Y Q U
E F E E A D U P T A Z K I P
P D D J I N D T R E B Y T E
K I L O G R A M C K R J H M
C H X H I E A V O L U M E A
O W J J W T R J B I T S T S
T N B S E I G A T S N O W S
S P S E G L B R E E D T E A
```

BYTE
SENTIMETER
DESIMALE
GRAAD
DIEPTE
GRAM
HOOGTE
DUIM
KILOGRAM
KILOMETER

LENGTE
LITER
MASSA
METER
MINUUT
ONS
TON
VOLUME
GEWIG
BREEDTE

5 - Farm #2

```
K O R I N G M L X F B B H W
S B B T R E K K E R E O E E
R K L E M T K O S O S O R I
A B U J P L H P O K P R D D
G M O U Y A U H K E R D E E
L I R E R M B F J Y O W R L
V E J R R R C Q P B E A K R
H E M E B G B M W C I K I H
X D W I B R G K L U I E P C
S D R D U O K O T N N E E O
K K M U Q E R W Y C G N D T
V Z A G A N L L A M A D E L
Y D L P R T V R U G T E F B
R O S Q E E C L U Z I Y J R
```

DIERE	LLAMA
GARS	WEIDE
SKUUR	MELK
BYEKORF	BOORD
EEND	RYP
BOER	SKAPE
KOS	HERDER
VRUGTE	TREKKER
BESPROEIING	GROENTE
LAM	KORING

6 - Books

```
P X F Y R K S E G H A Z P B
V X N F S K E T N O K G O L
A V O N T U U R O T Y U Ë A
O T R A G I E S Y R K H S D
B U X A B X P G N J I J I S
O F T N A V E L E R T E E Y
E E S E I T S I R O M U H D
K S K J U D U A L I T E I T
S E D V S R E L L E T R E V
V I N D I N G R Y K E E C G
A P L H E V J I L R D S W E
X E G N I L E M A S R E V D
L I T E R Ê R E O H V L T I
T I H I S T O R I E S E R G
```

AVONTUUR	VERTELLER
OUTEUR	BOEK
VERSAMELING	BLADSY
KONTEKS	GEDIG
DUALITEIT	POËSIE
EPIESE	LESER
HISTORIESE	RELEVANT
HUMORISTIESE	STORIE
VINDINGRYKE	TRAGIES
LITERÊRE	GESKRYF

7 - Meditation

```
G D I E H R A A B K N A D G
F E I T K E P S R E P G U E
O E D K A L M X U S U E I D
D M E A X J Q M U T G E D A
E O M Q G V S U T I E S E G
E S R B A T R B A L W T L T
R I E X D R E E N T O E I E
N E K E N N O S D E O L K B
I S K P A P Y U D E N I H D
S W A D A W S W C X T K E U
B E W E G I N G Q A E E I L
A S E M H A L I N G S R D M
A A N V A A R D I N G J X F
O M T E L E E R M U S I E K
```

AANVAARDING   GEESTELIKE
AANDAG   GEDAGTE
WAKKER   BEWEGING
ASEMHALING   MUSIEK
KALM   NATUUR
DUIDELIKHEID   VREDE
DEERNIS   PERSPEKTIEF
EMOSIES   STILTE
DANKBAARHEID   GEDAGTES
GEWOONTES   OM TE LEER

8 - Days and Months

```
N G W Y R S Q E M G K D E B
C U A G L I R P A A Z X I Q
S A T E R D A G A D S N I D
U O R V J E N L N N J M D F
T Y A J R A B H D A U A O E
S V A I X Y N O Y A L Q N B
U I M M M V D U T M I L D R
G A D N O S S A A K E Q E U
U F X F U D M W G R O Z R A
A K A L E N D E R A I K D R
N O V E M B E R P A F E A I
S E P T E M B E R J R E G E
W O E N S D A G Y B Y W S Z
Z X Z B I Q U X S D F B D O
```

APRIL	NOVEMBER
AUGUSTUS	OKTOBER
KALENDER	SATERDAG
FEBRUARIE	SEPTEMBER
VRYDAG	SONDAG
JANUARIE	DONDERDAG
JULIE	DINSDAG
MAART	WOENSDAG
MAANDAG	WEEK
MAAND	JAAR

9 - Energy

```
O M G E W I N G Y D E K H B
Y V P H E R N U B A R E J E
C D X I Y E N T R O P I E D
W A T E R S T O F T C M S R
E B R A N D S T O F N S O Y
T L F I O O W P P Q K R G F
T D E G N I L E D E O S E B
I W I K F F O T S L O O K T
H I T E T N Y R E T T A B U
M N J A S R R O T O M M F R
A D T L Z E O L G T P O O B
P N M D T K L N W G C R T I
E N J I N S Z R S R E V O N
E L E K T R I E S E L E N E
```

BATTERY	HITTE
KOOLSTOF	WATERSTOF
DIESEL	BEDRYF
ELEKTRIESE	MOTOR
ELEKTRON	KERN
ENJIN	FOTON
ENTROPIE	BESOEDELING
OMGEWING	HERNUBARE
BRANDSTOF	TURBINE
PETROL	WIND

10 - Chess

```
X B A K S C J X A O S G U M
R E Ë L S W G L Y F P H I K
P P I S Q F A E D F E V T K
F A U F O T H R Y E L U D O
O Z S W J S X N T R E I A N
W M H S Q Z S R B G R F G I
I X T E I G E T A R T S I N
T Y P E N E O I P M A K N G
S P E L L O W A J I Y C G Q
Y V T N C E R E E L I G S G
H G N T X T E F Z S X X M S
N V U V X D Y R T S D E W Z
O K P T E E N S T A N D E R
S R H A E D I A G O N A A L
```

SWART	PASSIEWE
UITDAGINGS	SPELER
KAMPIOEN	PUNTE
SLIM	REËLS
WEDSTRYD	OFFER
DIAGONAAL	STRATEGIE
SPEL	TYD
KONING	OM TE LEER
TEENSTANDER	WIT

11 - Archeology

```
V  K  V  Y  L  E  I  S  S  O  F  X  I  X
O  E  E  O  E  B  M  V  P  U  C  Q  M  G
O  N  R  E  S  R  O  V  A  N  R  R  A  D
R  N  G  N  I  L  E  M  M  A  T  S  F  A
W  E  E  Z  A  D  O  Q  H  Z  R  T  A  B
E  R  E  O  A  S  W  U  U  Q  A  E  R  E
R  G  T  O  R  A  H  M  D  Y  W  G  G  N
P  A  N  A  L  I  S  E  S  H  P  D  M  E
E  O  N  B  E  K  E  N  D  P  E  Z  Y  E
B  E  S  K  A  W  I  N  G  R  A  I  U  J
T  E  M  P  E  L  U  N  K  A  Y  N  D  X
A  N  T  I  E  K  E  S  E  N  Z  K  W  P
V  O  O  R  B  L  Y  F  S  E  L  G  L  P
B  E  V  I  N  D  I  N  G  E  I  I  Q  Q
```

ANALISE	FOSSIEL
ANTIEKE	RAAISEL
OUDHEID	VOORWERPE
BENE	OORBLYFSEL
BESKAWING	NAVORSER
AFSTAMMELING	SPAN
ERA	TEMPEL
KENNER	GRAF
BEVINDINGE	ONBEKEND
VERGEET	

12 - Food #2

```
R E K G R P K E R D Z Q B S
F R D K D K E K Q A R A R J
X T Y A G U R V R E I E O O
H L A S S T S I V E P S C K
A O I M A H I Y E I I A C O
P J E G A D E S D E E M O L
P O W N K T O P W R S P L A
E G I I D F I W I K A I I D
L U U R T E Z E R S N O B E
K R R O C H R W U E G E G R
D T D K O J S I T R A N S N
Y Z F O N W D D W V Z C Z V
S E L D E R Y W V M M H K O
D P P W G F X Q G S Y X T U
```

APPEL	EIERVRUG
ARTISJOK	VIS
PIESANG	DRUIWE
BROCCOLI	HAM
SELDERY	KIWI
KAAS	SAMPIOEN
KERSIE	RYS
HOENDER	TAMATIE
SJOKOLADE	KORING
EIER	JOGURT

13 - Chemistry

```
T V M E I S N E B C C K Q H
E L O M V K W J H L U E B I
M O L U G U Y R C L B R A T
P E E S E I L A K L A N T T
E I K A F E T D X O Y E O E
R S U G I L F O T S L O O K
A T L Q O E Q C W G F H M W
T O E K O K U B O W E P O J
U F P E N T U I W M Y W O H
U L R D C R O O L H C Y I D
R Z S B F O T S R E T A W G
C M O S N N U C R U S S Z T
L B P X E F O T S R U U S Y
K A T A L I S A T O R S M M
```

SUUR
ALKALIESE
ATOOM
KOOLSTOF
KATALISATOR
CHLOOR
ELEKTRON
ENSIEM
GAS
HITTE

WATERSTOF
IOON
VLOEISTOF
MOLEKULE
KERN
SUURSTOF
SOUT
TEMPERATUUR
GEWIG

14 - Music

```
K L B M U B L A W O K Y P O
F G G O U H P R N M F F D F
V X J F C S P O Ë T I E S E
S A N G E R I O K A K S B K
C N O O F O R K I M Y E A L
Z G D G P U Z S A G N I L A
M N J T Y N W S Y N C R L S
O P E R A Y A K L I T I A S
M E L O D I E M U S F L D I
R I T M I E S E E S E G E E
M U S I K A L E L A K O V K
E K L E K T I E S E J K R E
H A R M O N I E S E M T I R
Q A O M Q K H A R M O N I E
```

ALBUM	MUSIKALE
BALLADE	MUSIKANT
KOOR	OPERA
KLASSIEKE	POËTIESE
EKLEKTIESE	OPNAME
HARMONIESE	RITME
HARMONIE	RITMIESE
LIRIESE	SING
MELODIE	SANGER
MIKROFOON	VOKALE

15 - Family

```
V D L J H K L E I N K I N D
O K T X E R O B D Y D R H J
O N U E S N I E L K V O K I
R F E R A J R E D N I K Z P
O E Z N P V O A O P U N Z Z
U K O G U T A T S F F J D Q
E I P R O N X D R W B U I S
R N N Z B I W R E D E O M U
Z D E E G G V I D R T R O S
G E E L J G H N A M L V O T
N R F U H I X D V A A I T E
O S D E R E T G O D R M K R
T A N N I E C F B T W F C E
F L F D G A G O W F Q A S D
```

VOOROUER   KLEINSEUN
TANNIE   MAN
BROER   MOEDER
KIND   MA
KINDERJARE   NEEF
KINDERS   NIGGIE
DOGTER   VADERLIKE
VADER   SUSTER
KLEINKIND   OOM
OUPA   VROU

16 - Farm #1

```
V B P A Q K O B R H M G K N
N E D A S A U I Y O X B A K
Y Y L Z F D W N S N G I T R
W B N D U V K P S D G S U A
A C L L H C R E J M N O L A
D I P K N O T R X L I N U I
Q Z K O E I O D H A N S D R
K A L F T A P I E N U R R B
F M D O N K I E I D E P M P
V H O E N D E R N B H J L A
A J X V T N G E I O S J B O
A K J S V U K T N U B L A G
M P W V H P W A G C O D Y T
Q A X D H X V W V J J G U O
```

LANDBOU	HEINING
BYE	KUNSMIS
BISON	VELD
KALF	BOK
KAT	HOOI
HOENDER	HEUNING
KOEI	PERD
KRAAI	RYS
HOND	SADE
DONKIE	WATER

17 - Camping

```
O W O F U G Z Y Q K Q A H F
A T E M F O H F V V I U V A
V Z S X E G T I N Z U U O L
O T E N T T S B D U Z J U B
N Y R C M R X J T O M U J W
T E R P I A V Z R X D C R H
U M U X E A A D I V I H L A
U O U T I K Q N R I E O K N
R B V C I K C P W E R E J G
W K M K X A N I R K E D A M
K V L K E T I U J A K M G A
K O M P A S S N S N Y T R T
N A T U U R N U S O B O E B
D P U F P F S I W J E U B F
```

AVONTUUR	JAG
DIERE	INSEK
KAJUIT	MEER
KANO	KAART
KOMPAS	MAAN
VUUR	BERG
BOS	NATUUR
PRET	TOU
HANGMAT	TENT
HOED	BOME

18 - Algebra

```
K B O O M E E L B O R P B T
P K Y H A K I E S R E R D Y
R G K V E G I D N I E N O G
O D X F O F O U H Z C U S N
E K I L R E D N A R E V K I
D M I G F O G M A T R I K S
V A L S E A F I R Y Ê H E S
A R M I A N K V N H E Q H O
F G P Z N U L T Q G N X N L
T A Y E L U M R O F I M Y P
R I G R A F I E K R L C V O
E D V E R E E N V O U D I G
K S C E K S P O N E N T C U
Y C M U I V A F D E L I N G
```

BYVOEGING
DIAGRAM
AFDELING
EKSPONENT
FAKTOR
VALSE
FORMULE
BREUK
GRAFIEK
ONEINDIGE

LINEÊRE
MATRIKS
HAKIES
PROBLEEM
VEREENVOUDIG
OPLOSSING
AFTREK
VERANDERLIKE
NUL

19 - Numbers

```
S E S S X K S S W L J E D A
N E I T N E W E S C K R R F
J U S F N E E W F Y L J I Q
V G P T E A M E Z L G X E W
V Y J G I N E G E N T I E N
V A F A T E Q E N G Q P I X
N E G E F I N U L M T O U E
H D X S Y T S E C E W X U A
M W A K V R M C I R E N F F
B D N M I E C P S T E Z C B
Y S R N E D E S E A R I J Y
Z G N R R A G T I E N E I T
D E S I M A L E B P T U E F
T W I N T I G T W A A L F V
```

DESIMALE
AGT
AGTIEN
VYFTIEN
VYF
VIER
VEERTIEN
NEGE
NEGENTIEN
EEN

SEWE
SEWENTIEN
SES
SESTIEN
TIEN
DERTIEN
DRIE
TWAALF
TWINTIG
TWEE

20 - Spices

```
I Z A T S I X G C V M G P M
G W O O M L N A A R F F A S
G K S O U T B V K N B D P G
L E F F O N K S I Q S V R E
R I F Y E J L E I N A V I M
E R N Y M O K T D U K Y K M
D G R C O S O E T H I E A E
N E U T M U S K A A T I L R
A N I N E X M N U Z R J E U
J E F R D A U K Q J A T E E
L F V B R E T T I B Y L N G
O J T L A E P U A M D E A K
K K O W K T K D M R H A K R
R R I K A N Y S K T Q N N F
```

ANYS
BITTER
KARDEMOM
KANEEL
NAELTJIE
KOLJANDER
KOMYN
KERRIE
VINKEL
FENEGRIEK

GEUR
KNOFFEL
GEMMER
NEUTMUSKAAT
UI
PAPRIKA
SAFFRAAN
SOUT
SOET
VANIELJE

21 - Universe

```
V Q C K I N H G R G A Q R M
X K A O F Q F E A K P J K L
Z X Z S S S H L M E R D O L
E O N M V U E P X E M Z C L
C E G I M D N O R F L A H U
I W R E E F S O M T A S A O
T R W S L P P M Q C M W E N
S A S E G C K J P H I X V L
L A T I T U D E P O D R M U
O B E D N U K E R R E T S G
S G A R K N O S L I O I P O
D I N S I N R E T S I U D N
U S Z O D I A C R O P O W A
T E L E S K O O P N Q A E C
```

STERREKUNDE   LATITUDE
ATMOSFEER   MAAN
HEMELSE   LUG
KOSMIESE   SONKRAG
DUISTERNIS   SOLSTICE
EON   TELESKOOP
HALFROND   SIGBAAR
HORISON   ZODIAC

22 - Mammals

```
O F Z I A J O O K I I R S A
Z L U B K A N G A R O E E D
A O I H Z C H A A P X T B O
G W J F A T R C P D Z E R L
V O V P A A E L U M R H A F
B Z R R K N S L A K K A J Y
D G H I F D T Z B H M D B N
F S I V L A W X E O L U E V
S K A P E L A K E N X O W T
C P E R D G A A R D U G E E
V C X B R B E T O Y O C R B
K A M E E L P E R D J W N J
A E V Z A F S B O U G U V T
U R L M F L E E U N U V E K
```

BEER

BEWER

BUL

KAT

COYOTE

HOND

DOLFYN

OLIFANT

JAKKALS

KAMEELPERD

GORILLA

PERD

KANGAROE

LEEU

AAP

HAAS

SKAPE

WALVIS

WOLF

SEBRA

23 - Fishing

```
K M S K P V L C Q K V X M A
T O E R U S T I N G G A S U
G S M V X W H B C M U B K H
S E I S O E N E E B E K A K
O Z N A A E S O S C L O A S
W O D N A R T S A K P O H G
A X R E I J D N A M A K O R
T U R D O V G E W I G L K I
E T R L R V V V C E S B E V
R X E U N Y M E E R V R W I
R U G D U H W B O O T W E E
W U G E T U G I P S G X I R
C W V G S F C C N E H H K S
D R A A D E U A J G W X Z M
```

AAS	KAKEBEEN
MANDJIE	MEER
STRAND	OSEAAN
BOOT	GEDULD
KOOK	RIVIER
TOERUSTING	SKALE
OORDRYWING	SEISOEN
VINNE	WATER
KIEWE	GEWIG
HAAK	DRAAD

24 - Bees

```
Z Q H U X B E L P H K W T D
B E S T U I W E R F F T U I
I G R A I T Z E B M R K I V
N I E T J G Y M S P H O N E
S L M I J E W F W U E N K R
E E M B I K G I E P U I N S
K D O A E T G U R V N N P I
N R L H X N J T M Y I G L T
G O B L O E I S E L N I A E
A O S K O S L T O H G N N I
R V E K O S I S T E E M T T
P O C K Q T W O I L L K E E
C G O E J O A S O A T M Y O
O Q B K B R S V Z I I Q W S
```

VOORDELIGE   HEUNING
BLOEISEL   INSEK
DIVERSITEIT   PLANTE
EKOSISTEEM   STUIFMEEL
BLOMME   BESTUIWER
KOS   KONINGIN
VRUGTE   ROOK
TUIN   SON
HABITAT   SWERM
KORF   WAS

25 - Adventure

```
U G R J A S K O O N H E I D
I E E T K I L R A A V E G I
T L I C T R N V O F D D D E
S E S E I F A U N W P N A H
T E P Q W G T I G G Q E P G
A N L V I N U T E K S I P I
P T A R T I U D W O P R E L
P H N E E M R A O L T V R I
I E T U I M D G N S B Z H E
E I X G T E H I E B U V E V
W D Y D F T W N Y N H L I N
U Y R E I S A G I V A N D S
N R H J T E Q S N A K F B B
R E M E L B O R P E V R H N
```

AKTIWITEIT	VRIENDE
SKOONHEID	REISPLAN
DAPPERHEID	VREUGDE
UITDAGINGS	NATUUR
KANS	NAVIGASIE
GEVAARLIK	NUWE
BESTEMMING	GELEENTHEID
PROBLEME	VEILIGHEID
UITSTAPPIE	ONGEWONE

26 - Sport

```
G P N Y F A T L E E T H P U
L E R V E I A F R I G T E R
I S S O C R E E M I S K A M
G P D O G O P T J J C V S I
G O Y L N R W H S O H E T C
A R A Q I D A Z N R B R R P
A T D K D R H M V H Y M E S
M O R Q E O E N E B O K S S
M E A K O T A R I O F Ë D V
P R F X V X I E L D G E I T
M E T A B O L I E S E V E Y
D A N S S P E P M F Q Y E T
E Q W C Z N O S G T X W T U
M C M K S T D S T E R K T E
```

VERMOË	DRAF
ATLEET	MAKSIMEER
LIGGAAM	METABOLIESE
BENE	SPIERE
AFRIGTER	VOEDING
FIETSRY	PROGRAM
DANS	SPORT
DIEET	STERKTE
DOEL	STREK
GESONDHEID	

27 - Circus

```
T X T B T B K V R A T T H J
R J O K A A M R E V I O P Y
U O E O A L G M Y T E W A K
U N S S B U L M Y G R E R W
K G K T O Y S O N A R R A D
T L O U R H C R N J D K D I
E E U U K O H F F N F U E E
N U E M A L O R A J E N L R
T R R K E I S U M I V S T E
M O R B T F N H C W M I Q S
L E E U V A C F E L Y L C O
A C R A A N E W O T Q S J V
Y A Z Y Q T Y D S V O U P D
S Y P L E K K E R G O E D M
```

AKROBAAT
DIERE
BALLONNE
LEKKERGOED
NAR
KOSTUUM
OLIFANT
VERMAAK
JONGLEUR
LEEU

TOWERKUNS
TOWENAAR
AAP
MUSIEK
PARADE
WYS
TOESKOUER
TENT
TIER
TRUUK

28 - Restaurant #2

```
V D J L U G A L W T R Y M S
I R E N L E K M V L W F J P
M L U K W V V U N V U R K E
I Y Y G G S Z G M L R Z Y S
D W A E T E G A D D I M L E
T R I B L E O T S R E I E R
Y S A J P O W Z G T T J P Y
U T A N K O E K R K E I E E
B S L H K D S K O W D Q L L
V I S D S L E D E O N H R O
H E E R L I K E N R A P G A
X P W A D E S H T G A Y R U
P S T U V R M R E T A W T C
S O U T I M F Q G G O H C D
```

DRANK	MIDDAGETE
KOEK	NOEDELS
STOEL	SLAAI
HEERLIKE	SOUT
AANDETE	SOP
EIERS	SPESERYE
VIS	LEPEL
VURK	GROENTE
VRUGTE	KELNER
YS	WATER

29 - Geology

```
A A R D B E W I N G G A A L
H E W R N I W L X O E D V K
G S F I I S Q G V B Y J U O
X U K P J O U G O U S C L N
Q X S X H R P M Q A E Q K T
E U U P E T S D L R N A I
T E I T K A L A T S A Z A N
O L K G L E I S S O F V N E
R A O S I Z J S X T U I A N
G R R T P Q U O J A C M Q T
V E A R L E S S U L K I S U
A N A A U Q Y C U P J S Y O
D I L W M U I S L A K M Z S
H M A K R I S T A L L E G W
```

SUUR	GEYSER
KALSIUM	LAVA
GROT	LAAG
KONTINENT	MINERALE
KORAAL	PLATO
KRISTALLE	KWARTS
SIKLUSSE	SOUT
AARDBEWING	STALAKTIET
EROSIE	KLIP
FOSSIEL	VULKAAN

30 - House

```
Q M M S O L D E R K A M E R
T U E L K D A K E Z S V A A
U U U E S O T R O T S E C U
I R B T K P M C L X K N M U
N R E U J U I B V N T S O U
X F L E P E Q E U N O T U X
A N S L V Y N M Ë I K E J J
Y Y E S A L G B Z L S R G A
G A R A G E A G O R D Y N E
B E S E M G H M M M A U I D
G M P K U G P T P J T A N T
F G V D P A K L A O P X I S
X P L M C K A V D Q R X E Z
G T W D E U R H H V W U H E
```

SOLDER
BESEM
GORDYNE
DEUR
HEINING
KAGGEL
VLOER
MEUBELS
GARAGE
TUIN

SLEUTELS
KOMBUIS
LAMP
SPIEËL
DAK
KAMER
STORT
MUUR
VENSTER

31 - Physics

```
U N I V E R S E L E W V V W A
K C H E M I E S E S K S A S
E A E G O O U U K O N T N S
R W T I A J M E G A N I K A
N K I O J S R I G H E E A M
N P S N O T E S U C N T M A
S P O E D M L N K F J I R G
O X L V F V U E G X I W R N
D R C H V Z K W E B N I D E
F O R M U L E K F D R T P T
T O K O M D L E C K O A H I
E X X N X N O R T K E L E S
B D Q G J T M F I Y Q E E M
V E R S N E L L I N G R I E
```

VERSNELLING	MAGNETISME
ATOOM	MASSA
CHAOS	MEGANIKA
CHEMIESE	MOLEKULE
ELEKTRON	KERN
ENJIN	DEELTJIE
FORMULE	RELATIWITEIT
FREKWENSIE	SPOED
GAS	UNIVERSELE

32 - Dance

```
Y S L U M P N G G W M G W E
G V G Z T G O E Y R D K C K
M R E K E I S S A L K Q F S
A U I N Q H Z M T C V E A P
A U S M N K U N S U K L G R
G T O I A O E L B A U E E E
G L M G E E O C E K V R N S
I U E N W K T T W A I U A S
L K R I T M E E E D S T D I
Q K K R S L G B G E U L E E
J B E P A V A O I M E U L W
U F R S A G P P N I L K O E
G X V G O S R H G E E L E M
R E P E T I S I E I F F R R
```

AKADEMIE

KUNS

LIGGAAM

KLASSIEKE

KULTURELE

KULTUUR

EMOSIE

EKSPRESSIEWE

GENADE

SPRING

BEWEGING

MUSIEK

VENNOOT

POSTUUR

REPETISIE

RITME

VISUELE

33 - Shapes

```
R E D N I L I S A B V C M B
A L I Y D R I E H O E K P C
I L B L O O B R E P I H V L
U I V I E R K A N T E O E N
B P W Q U K N Q Y R K E E R
P S O F P X R F L E E K L U
R I S Q U Q P I K G Ë Z H L
D X R E E F S W S H L V O W
L M K A H R K F Z O O H E K
D R Z X M K V A W E O N K U
L K L N G I M T N K V H L B
P R I S M A D K O T A T P U
E B W M P V Y E T N A K X S
L K U R W E A U G I L D R X
```

LNR	LYN
SIRKEL	OVAAL
KEËL	VEELHOEK
HOEK	PRISMA
KUBUS	PIRAMIDE
KURWE	REGHOEK
SILINDER	KANT
KANTE	SFEER
ELLIPS	VIERKANTE
HIPERBOOL	DRIEHOEK

34 - Scientific Disciplines

```
X J C A B E I G O L O I B P
G G H N R I S E E E G E E T
E V E Q S G A I I I H I D A
I S M N B O E G G G X M N A
M G I U C L R O O O K E U L
O E E E Q A N L L L U H K K
T I G S Y R O O O D C E U
A G X A M E R I N R G O R N
N O O H N N B S U U X I R D
A L V I W I I I M E P B E E
G O D C P M K F M N H U T W
Y K H S F T L A I G V H S I
T E R M O D I N A M I K A C
P L A N T K U N D E X U F K
```

ANATOMIE   IMMUNOLOGIE
ARGEOLOGIE   TAALKUNDE
STERREKUNDE   MEGANIKA
BIOCHEMIE   MINERALOGIE
BIOLOGIE   NEUROLOGIE
PLANTKUNDE   FISIOLOGIE
CHEMIE   TERMODINAMIKA
EKOLOGIE

35 - Science

```
O R G A N I S M E R O B R K
Y N H I P O T E S E E F Q Z
Z U A A U A D Q A L F M V K
M O O T A Y N A Q A E U G L
W R A V U G K U T F I I A I
S B P Z I U M G M A T R R M
E L N G Y E R C H A M O K A
L V H J S T Y P L A N T E A
U M O E S E I M E H C A T T
K E E L A R E N I M C R R Q
E T E N U A K I S I F O A B
L O V A A S P J S Y E B A W
O D M N A G I Y O R O A W Z
M E I E L U W E F Y P L S Y
```

ATOOM
CHEMIESE
KLIMAAT
DATA
EVOLUSIE
FEIT
FOSSIEL
SWAARTEKRAG
HIPOTESE

LABORATORIUM
METODE
MINERALE
MOLEKULES
NATUUR
ORGANISME
FISIKA
PLANTE

36 - Beauty

```
K L E U R G E N A D E B S W
S Ë O E L E G A N T Y V C M
T E P Y H C P G B N O R Y L
I I M Z Q N H E M R A J S O
L P A D D V I U C S K P X L
I S J P I X A R A C S A M I
S X S I Z E H Ê V R K B E E
R E O P V H N K K Z I T L S
Z E X I D E I S N A G E L E
P P U W F P L Z T A Q K U Y
Z C K K X G N I R E M I R G
P R O D U K T E H G N H K Y
S G M U F O T O G E N I E S
L I P S T I F F I E J K T D
```

SJARME
KLEUR
KRULLE
ELEGANSIE
ELEGANT
GEUR
GENADE
LIPSTIFFIE
GRIMERING
MASCARA

SPIEËL
OLIES
FOTOGENIES
PRODUKTE
REUK
SKÊR
DIENSTE
SJAMPOE
VEL
STILIS

37 - Clothes

```
A R M B A N D G Y O W R E V
M E L A D N A S O O E O H O
D I J N Z B E V F R O S N O
H J E D N Y K L V T D Z P R
A D K H D W C C H R U E D S
S A M A J A P F M U U C L K
M A N E O P M E H I Z T Y O
H B A T N C O Q M L D V B O
O Q N E R N D W B I O K N T
E M Z F C E E R I I N S R U
D W U H E O K E A T S E R P
H A N D S K O E N E V O D J
B R O E K S R O Z C W L S A
F O H W D M M J V X Y B F S
```

VOORSKOOT	DENIM
GORDEL	PAJAMAS
BLOES	BROEK
ARMBAND	SANDALE
JAS	SERP
AANTREK	HEMP
MODE	SKOEN
HANDSKOENE	ROK
HOED	TRUI
BAADJIE	

38 - Astronomy

```
M L L P S D Q I F I Z C H T
A R E D R A A V E T M I U R
A G N I R E T S I U D R E V
N R E D N E E C X S Y M Q
K R C C F Ï E D L A G V T L
Z O D X L O N R Y L N Q F E
O O S O W R A A P E I R D Q
D E J M G E L A R W L E F U
I T U M O T P L U E A S T I
A E S W L S R U U N R F K N
C M V Z G A C G V N T B B O
S U P E R N O V A N S L Q X
S T E R R E W A G L E O G V
Q Y E S S P K D R X B X G J
```

ASTEROÏDE   STERREWAG
RUIMTEVAARDER   PLANEET
KOSMOS   BESTRALING
AARDE   VUURPYL
VERDUISTERING   SATELLIET
EQUINOX   LUG
METEOOR   SUPERNOVA
MAAN   ZODIAC
NEWEL

39 - Health and Wellness #2

```
A H B Y G D S V M E W L N V
I E I S A R D I H E D N H I
T N F G B H H E R S T E L T
E S F D I H M I E E P I G A
E E H E M Ë I G E R F R I M
I P T O K M N R S T A O W I
D Z E L Z S F E S S L L E E
S M I B U A I N A Z L A G N
L L Y L D S V E M R E K E K
A N A T O M I E F O R F S N
G E N E T I K A Q K G X O K
S I E K T E L T A J I D N U
H O S P I T A A L O E I D M
G A E H T V O E D I N G W M
```

ALLERGIE
ANATOMIE
EETLUS
BLOED
KALORIE
DEHIDRASIE
DIEET
SIEKTE
ENERGIE
GENETIKA

GESOND
HOSPITAAL
HIGIËNE
INFEKSIE
MASSEER
VOEDING
HERSTEL
STRES
VITAMIEN
GEWIG

40 - Time

```
M H T K E E W L P X K J J P
I L L O L F T E F N A M A Y
D W W L E P F E W T L I A K
D L Z K H K T U E E N R R
A Q U Q T E O M O Q N U J Y
G E O R V D W M B G D U A N
A K K D N A A M S A E T A O
N S J V U K C G T D R A R U
O E I A J E O L B N Z Y L L
X C D K M D B Q X A Z L I V
O G G E N D A Z S V E Y K U
S V Q I M T D Z E Q U A S I
S V Q A G Y E L D H U F E O
X T N M E I G D Z Q R O O V
```

JAARLIKSE	MINUUT
VOOR	MAAND
KALENDER	OGGEND
EEU	NAG
KLOK	MIDDAG
DAG	NOU
DEKADE	GOU
VROEG	VANDAG
TOEKOMS	WEEK
UUR	JAAR

41 - Buildings

```
L E E T S A K F D M H D K U
Q Q M O A K B F K U O S K N
G M U S B H U U E S S T Q I
N O I D A T S U I E P E A V
I I R E T A E T R U I R M E
R K O S H U I S B M T R B R
O R T T E N T D A D A E A S
T A A I W V X C F B A W S I
T M R K U V J G Y R L A S T
N R O L A J T K L X A G A E
Z E B E Q A A P L A A S D I
J P A T E P E K G C R E E T
G U L O O K S O K O Z P V L
R S F H W O O N S T E L F E
```

WOONSTEL   LABORATORIUM
SKUUR   MUSEUM
KAJUIT   STERREWAG
KASTEEL   SKOOL
AMBASSADE   STADION
FABRIEK   SUPERMARK
PLAAS   TENT
HOSPITAAL   TEATER
KOSHUIS   TORING
HOTEL   UNIVERSITEIT

42 - Philanthropy

```
O P E N B A R E S T P X N Y
Z K M S E O G R O E P E C P
I T A U I T D A G I N G S R
E A O G E M E E N S K A P O
L I E F D A D I G H E I D G
V R Y G E W I G H E I D B R
K E K O N T A K T E S T E A
M I S E K J F H I U S X H M
E Y N S K E N K S R I N O M
N R P D J E U G W J M D E E
S S I N E D E I K S E G F M
D W Q O O R O J K B O Z T E
O J W F H B S W M Q T A E K
M U I A U D O E L W I T T E
```

UITDAGINGS
LIEFDADIGHEID
KINDERS
GEMEENSKAP
KONTAKTE
SKENK
FONDSE
VRYGEWIGHEID
DOELWITTE

GROEPE
GESKIEDENIS
MENSDOM
MISSIE
BEHOEFTE
MENSE
PROGRAMME
OPENBARE
JEUG

43 - Gardening

```
Y B D R E H B I K W T Q T S
U U O C X D O H O U E R V E
B V U R T S E I S E P S Z I
E L I U V Q K S L A N G C S
E X A O R P E R A L B D Y O
T Z J D G E T A A M I L K E
B C J R B O T A N I E S E N
A U F O F S U A N A X R H A
R Y P O O A O Z W Y E Q F L
E F D B L D S N H N H O O E
G R O N D E K O M P O S R Q
E K S O T I E S E D I Y T E
T L F T B L O E I S E L U N
V O G B L O M M E O J T G E
```

BLOEISEL   BLARE
BOTANIESE   SLANG
BOEKET   BLAD
KLIMAAT   VOG
KOMPOS   BOORD
HOUER   SEISOENALE
VUIL   SADE
EETBARE   GROND
EKSOTIESE   SPESIES
BLOMME   WATER

44 - Herbalism

```
K S A F F R A A N G B L O M
R N L U V I N K E L E O P Y
U L M Z S P L A N T X U G T
I M A R J O L E I N P M R C
S A R O M A T I E S E W D E
E K U L I N Ê R E B P I L G
M G D R A G O N Z E U X O I
E B R B E S T A N D D E E L
N A K O N A G E R O R F E E
T Z J L E T N E V A L U M D
V R N U R N Y R A M S O O R
R P I E T E R S I E L I E O
D I U R K E I L I S A B Q O
L A T K N O F F E L O U U V
```

AROMATIESE   BESTANDDEEL
BASILIEKRUID   LAVENTEL
VOORDELIGE   MARJOLEIN
KULINÊRE   KRUISEMENT
VINKEL   OREGANO
GEUR   PIETERSIELIE
BLOM   PLANT
TUIN   ROOSMARYN
KNOFFEL   SAFFRAAN
GROEN   DRAGON

45 - Flowers

```
J H J P K R L M G B V B K B
L I L A Q U E E A B Q L L O
O H J F X X T O L A R O A E
Z R H G T T N L U I N M W K
H A G B H M E B D N E B E E
P I U I T Q V E N E O L R T
A R B G D S A D E D I A M D
P E M I E E L R L R P R A N
A M X V S A E A A A O E G A
W U S F U K N A C G T V N V
E L Q H F Y U P I Z U P O A
R P K P N Y M S A J L V L L
S O N N E B L O M B P T I C
M A D E L I E F I E L L A R
```

BOEKET
CALENDULA
KLAWER
MADELIEFIE
PAARDEBLOEM
GARDENIA
HIBISKUS
JASMYN
LAVENTEL
LILA

LELIE
MAGNOLIA
ORGIDEE
PIOEN
BLOMBLARE
PLUMERIA
PAPAWER
SONNEBLOM
TULP

46 - Health and Wellness #1

```
B A K T E R I E Ë V D H G M
S U R I V E W N W E O O N E
K L I N I E K O E L K N I T
E G I O F M K M Q C T G N E
L S H O A K Y R H Q E E N R
F A P Q O L O O Z O R R A A
E K C I C U V H S S O G P P
R T I R E T N O O W E G S I
B I A P G R E V Y R W O T E
Z E N E B Q E H C D X T N E
A W B W W R S J N W H R O Q
J E G N I L E D N A H E B M
H B X S E E W U N E S G I H
M E D I S Y N E K E E T P A
```

AKTIEWE	MEDISYNE
BAKTERIEË	SPIERE
BENE	SENUWEES
KLINIEK	APTEEK
DOKTER	REFLEKS
BREUK	ONTSPANNING
GEWOONTE	VEL
HOOGTE	TERAPIE
HORMONE	BEHANDELING
HONGER	VIRUS

47 - Town

```
B  S  I  B  S  U  P  E  R  M  A  R  K  V
A  T  S  J  L  E  K  N  I  W  K  B  G  I
K  A  Z  L  T  O  P  Y  V  B  E  M  N  S
K  D  P  B  N  R  E  T  A  E  T  U  P  U
E  I  D  A  A  M  U  M  G  A  L  E  R  Y
R  O  B  B  R  N  A  S  I  J  X  S  H  R
Y  N  X  M  U  E  K  P  N  S  D  U  U  K
S  J  J  F  A  X  E  F  T  M  T  M  R  Q
M  A  R  K  T  O  I  K  C  E  D  E  H  P
W  L  I  P  S  F  N  X  H  E  E  Q  E  J
M  R  V  R  E  R  I  Y  O  D  F  K  U  K
J  K  N  D  R  N  L  F  H  O  T  E  L  O
L  S  K  O  O  L  K  L  U  G  H  A  W  E
B  O  E  K  W  I  N  K  E  L  T  Q  Z  U
```

LUGHAWE	MUSEUM
BAKKERY	APTEEK
BANK	RESTAURANT
BOEKWINKEL	SKOOL
KLINIEK	STADION
BLOEMISTE	WINKEL
GALERY	SUPERMARK
HOTEL	TEATER
MARK	

48 - Antarctica

```
E N S F K P D Q T L E G J W
I A K T O V E F E W L F E O
L V I O N A T Z M E A E H L
A O E P T Y C G P I W T N K
N R R O I F I N E S J M E E
D S E G N G N I R A W E B R
E E I R E U P W A R W N A J
C R L A N F G E T G O T C F
Q I A F T I S G U I B A J F
Y P N I Y M D M U M Z A L J
U C D E L O X O R Z C R A H
G L E T S E R S V O Ë L S I
Y Y X Z H Y D H Q H V C B K
R O T S A G T I G E C O V E
```

BAAI
VOËLS
WOLKE
BEWARING
KONTINENT
COVE
OMGEWING
GLETSERS
YS

EILANDE
MIGRASIE
SKIEREILAND
NAVORSER
ROTSAGTIGE
TEMPERATUUR
TOPOGRAFIE
WATER

49 - Ballet

```
E E P G D Q J Q O G M J K Z
F Y K G R O H T E E U S O L
D G O S K A G Q F B S G M P
Y D M E P E S Y E A I E P E
R B M K X R N I N A E H O K
T I Q R I E E H E R K O N E
E E T O O I U S J U I O I I
G M F M U P T F S Z S R S T
N I W N E S S E L I W E Y S
I T L T I E T I S N E T N I
E Y U A P P L O U S P W R T
K S T Y L D A N S E R S E R
C H O R E O G R A F I E Z A
B A L L E R I N A J S N I Q
```

APPLOUS   INTENSITEIT
ARTISTIEKE   LESSE
GEHOOR   SPIERE
BALLERINA   MUSIEK
CHOREOGRAFIE   ORKES
KOMPONIS   OEFEN
DANSERS   RITME
EKSPRESSIEWE   STYL
GEBAAR   TEGNIEK
GRASIEUSE

50 - Human Body

```
M I K N B G I S E G Y V U S
C E O Q E O T E T E M E O K
G C P G E O H A N D E L M U
R M I R N B U R E G N I V T
C T L U C M L E K N E Z U A
D R E W O L G O J Q B L V I
K A K E B E E N E G A A G D
S H E W T F J I Q D O S P G
K I N E T A S E V N M M G E
O P C N T Z Z R R O K N I E
U N K Y T G R B J M G D N L
E O E K R Y M Z Q L J H G C
R T O U A Q R S F M G Y Z F
U G U R S U W A Y G V E L V
```

ENKEL	KOP
BLOED	HART
BENE	KAKEBEEN
BREIN	KNIE
KEN	BEEN
OOR	MOND
ELMBOOG	NEK
GESIG	NEUS
VINGER	SKOUER
HAND	VEL

51 - Musical Instruments

```
W G M O R D U V B H F E E K
B P A T A M B O E R Y N C I
I P R A H R A F R B D C A T
T T I U L F X P N V I K H A
P E M H K G O N G K A V A A
E F B U V K W D T L Z Z R R
R N A V H L H S D A P B M M
K K L A R I N E T V X A O V
U T O G A F E U W I K N N I
S J B A S U I N L E N J I O
S E O I E M Y A F R U O C O
I L H M A N D O L I E N A L
E L M R T R O M B O N E P U
N O O F O S K A S S Y I M R
```

BANJO
FAGOT
TJELLO
KLARINET
DROM
FLUIT
GONG
KITAAR
HARMONICA
HARP

MANDOLIEN
MARIMBA
HOBO
PERKUSSIE
KLAVIER
SAKSOFOON
TAMBOERYN
TROMBONE
BASUIN
VIOOL

52 - Fruit

```
G R J M A N G O E L T Y W A
B E S S I E N Y K G T Z C V
K P R T D K E P S N A P S O
G O P J R V I B R A J K Y K
L S E J N A R O E S L I H A
X U I J K L A P P E R W C D
P U S C A D T Z V I T I N O
K R R P K W K F K P N S L A
D L E O A L E P P A N Y P P
R E K Z S P N L D X S A N P
U M X T Z L A J X G A Z B E
I O P E E R C J R S M V C L
W E Y S O O B M A R F M U H
E N A P P E L K O O S S S L
```

APPEL
APPELKOOS
AVOKADO
PIESANG
BESSIE
KERSIE
KLAPPER
DRUIWE
KOEJAWEL
KIWI

SUURLEMOEN
MANGO
SPANSPEK
NEKTARIEN
ORANJE
PAPAJA
PERSKE
PEER
PYNAPPEL
FRAMBOOS

53 - Engineering

```
K E B H B I J F V U S A K E
X N L D E T P E I D T Y O N
G P U W C F Q K V O A W N J
N E P R P Q B Z S X B W S I
I F O T S I E O L V I M T N
W D I A G R A M M P L O R I
Y G J N H D G V E E I T U H
R N W A T O E X F R T O K M
D I E S E L E U H H E R S A
N T R A T T E K R L I W I S
A E N E R G I E T S T M E J
A M O R P R A V N F N R X I
B E R E K E N I N G G E E E
V E R S P R E I D I N G E N
```

HOEK
AS
BEREKENING
KONSTRUKSIE
DIEPTE
DIAGRAM
DEURSNEE
DIESEL
VERSPREIDING
ENERGIE

ENJIN
RATTE
HEFBOME
VLOEISTOF
MASJIEN
METING
MOTOR
AANDRYWING
STABILITEIT

54 - Kitchen

```
S S A K S Y V U K T E G P V
K P C I G S D N O O E E O B
E E Y A E N Z L P O T O P E
P S K A B Y H B P K S V N K
L E A R X V I T I S T G A E
E R U B U P E S E R O G T R
P Y E N Y V M Q S O K K O S
E E S P O N S Y S O K K E Z
L M L P N A E A E V I J P R
E P E M I R A C R O E N G W
T D P S E Z F Q V Q S I G N
E D E W S T F O E I O M A Z
K B L V V E Y E T O D D O W
V R I E S K A S V A F R L J
```

VOORSKOOT	KETEL
BAK	MESSE
EETSTOKKIES	SKEPLEPEL
KOPPIES	SERVET
KOS	OOND
VURKE	RESEP
VRIESKAS	YSKAS
BRAAI	SPESERYE
POT	SPONS
BEKER	LEPELS

55 - Government

```
B S S Z L A A N O I S A N G
P U T T N E M U N O M P A E
O U R A Y D I E H Y R V S R
L B U G A C Y E Z K A J I E
I S R A E T E W R A F N E G
T E K A A R P S F R K D M T
I A V T Z Q S L Z K Q Q A E
E Y L D I E H K Y L E G S L
K I R T S I D H A F L W D I
R S I M B O O L T P E N E K
D E M O K R A S I E I B E E
G R O N D W E T J M V L R Y
B E S P R E K I N G I Q V J
H I F B G L I Q F J S M J B
```

BURGERSKAP
SIVIELE
GRONDWET
DEMOKRASIE
BESPREKING
DISTRIK
GELYKHEID
GEREGTELIKE
WET
LEIER

VRYHEID
MONUMENT
NASIE
NASIONAAL
VREEDSAME
POLITIEK
SPRAAK
STAAT
SIMBOOL

56 - Art Supplies

```
P E S E L N A F B S C B F O
K A B L O F E D O L T O P V
V J P Y T R S W R E T A W I
Z S W I N E A G S E E D I V
K L E I E V V O E R U E L K
X L H A T R E M L T W O O N
B V T T Q E R S S M A R N I
U A M P A T F U B O Q B Q E
N A Q F K A D D R Y M N E K
O L N Z R W U I T V E Ë R L
Y L Y I I K A M E R A B Z L
B Q I U E S T O E L T V H Y
M M Q E L O O K S T U O H J
K R E A T I W I T E I T T E
```

AKRIEL
BORSELS
KAMERA
STOEL
HOUTSKOOL
KLEI
KLEURE
KREATIWITEIT
ESEL
UITVEËR

GOM
IDEES
INK
OLIE
VERF
PAPIER
POTLODE
TABEL
WATER
WATERVERF

57 - Science Fiction

```
I F N K C Q M I V H U G I T
Z G A L R R Q Z O I I E L E
S N U N E E M X M D T H L G
P I T E T T O B O R E E U N
E F O B H A R I O C R I S O
I F P P E E S V T F S M I L
P O I Y E T O T A X T S E O
O L E P L F R T I M E I P G
T P A V A B A X U E T N V I
S T K N L P K D G F S N U E
I N P J E K E O B F M I U D
D O N P E E L N F U B G R B
K L E S L E T S E R R E T S
C H E M I K A L I E Ë X L U
```

ATOOM	STERRESTELSEL
BOEKE	ILLUSIE
CHEMIKALIEË	GEHEIMSINNIGE
TEATER	ORAKEL
DISTOPIE	PLANEET
ONTPLOFFING	ROBOTTE
UITERSTE	TEGNOLOGIE
FANTASTIES	UTOPIE
VUUR	HEELAL

58 - Geometry

```
P A R A L L E L W E W Y G L
M A S S A D R I E H O E K O
H O O G T E I S N E M I D G
V K H U N E P V A I X O F I
E U O B E N S E A R S W W K
R R R E M S I R I T H S A A
G W I R G R R H D E P O E U
E E S E E U K O E M T T E W
L N O K S E E U M M E E X K
Y V N E K D L D L I R O T D
K K T N I Y K I E S Q R I V
I O A I S F T N N S R I T L
N D L N F P V G M Q O E P R
G X E G O P P E R V L A K P
```

HOEK
BEREKENING
SIRKEL
KURWE
DEURSNEE
DIMENSIE
VERGELYKING
HOOGTE
HORISONTALE
LOGIKA

MASSA
MEDIAAN
PARALLEL
VERHOUDING
SEGMENT
OPPERVLAK
SIMMETRIE
TEORIE
DRIEHOEK

59 - Creativity

```
I  N  S  P  I  R  A  S  I  E  J  J  L  B
U  D  A  R  T  I  S  T  I  E  K  E  J  W
I  U  E  D  B  V  E  R  A  N  D  E  R  Y
T  I  K  I  I  E  D  S  G  W  W  I  G  Z
D  D  Y  E  K  N  E  O  L  Y  P  Q  N  E
R  E  R  H  D  V  T  L  B  U  U  M  I  G
U  L  G  G  R  N  I  U  D  U  E  N  D  T
K  I  N  I  A  C  B  S  Ï  Y  P  I  L  H
K  K  I  D  M  V  S  E  I  S  O  M  E  E
I  H  D  R  A  V  J  G  M  O  I  M  E  I
N  E  N  A  T  N  O  P  S  B  E  E  B  D
G  I  I  A  I  K  M  W  Q  F  J  N  R  P
H  D  V  V  E  Z  V  F  E  G  O  I  E  Z
X  H  R  X  S  E  E  D  I  X  H  G  V  O
```

ARTISTIEKE	BEELD
EGTHEID	VERBEELDING
VERANDER	INSPIRASIE
DUIDELIKHEID	INTUÏSIE
DRAMATIES	VINDINGRYKE
EMOSIES	VAARDIGHEID
UITDRUKKING	SPONTANE
IDEES	VISIOENE

60 - Airplanes

```
B R Z W Z K K V G U L V O Q
A U J Q A F C C E T G O O H
L U P U F F O T S R E T A W
L T R A K O B R K N B V B K
O N E R S T B I I Y E L L B
N O W Y G S G G E B M I E N
M V T N D B T D T A E M C
L A N D I N G I E D N Ë Q Q
A H O K J A K N N B N N M U
H F S I N R C G I L I I T Z
M I K U E B G H S A N E B Q
E W E O R K S K I A G R K R
P L D J M R E E F S O M T A
P T R E I S A S S A P Q F C
```

AVONTUUR　　　　　　　BRANDSTOF
LUG　　　　　　　　　　HOOGTE
ATMOSFEER　　　　　　GESKIEDENIS
BALLON　　　　　　　　WATERSTOF
BEMANNING　　　　　　BLAAS
AFKOMS　　　　　　　　LANDING
ONTWERP　　　　　　　PASSASIER
RIGTING　　　　　　　VLIEËNIER
ENJIN　　　　　　　　　SKROEWE

61 - Ocean

```
A S J X G N H D O L F Y N G
R E I W E E S A D U B P S E
X E M J M V I N A M P A K T
R K R I F X V U P I H L U Y
U A A N Y S L T L V P I O E
F T K O R A A L I B S N N W
S E H W F G W K K Y I G H A
R P A R K F M W S O V V N U
A A O N G A R N A L E I C W
Z L Z N W O O A E I I S K Q
H X G U S M T F S A L W T D
S M I E Z U S H W M L A T C
M R Z G S O U T D W E A J I
O E S T E R L N Z Q J Z K U
```

ALGE
KORAAL
KRAP
DOLFYN
PALING
VIS
JELLIEVIS
SEEKAT
OESTER
RIF

SOUT
SEEWIER
HAAI
GARNALE
SPONS
STORM
GETYE
TUNA
SKILPAD
WALVIS

62 - Force and Gravity

```
G E W I G H M U T N E M O M
U U G K S E I M A N I D U U
R I F L A G J B I P E C N R
D Y T I G N G N K A N Z I T
G R R B Q I R F F I S M V N
N H U M R G T R C R K E E E
I V H K P E N K Y L A G R S
W M U S C W I A I P P A S N
Y A P H D E Y D J F P N E K
R O R A B B K F I O E I L X
W X G A K I S I F N V K E R
W E N T E L B A A N G A F F
S P O E D N A T S F A O V C
W M A G N E T I S M E S L S
```

AS   BEWEGING
SENTRUM   WENTELBAAN
AFSTAND   FISIKA
DINAMIES   DRUK
UITBREIDING   EIENSKAPPE
WRYWING   SPOED
IMPAK   TYD
MAGNETISME   UNIVERSELE
MEGANIKA   GEWIG
MOMENTUM

63 - Birds

```
M B T L P E L I K A A N W I
O U S B N R E R T E A O U G
P P U I L L E F R Z U I Y O
V L J I K H P C Z H L T C L
M M I H X H K S O Z K X Z V
K R A A I O G N I M A L F O
K L A D N E R A E Q Q H S L
O K S A A N M G V I S Y W S
E A S L V D N E E Q E U A T
K N N Y W E K K I P I R A R
O A P M D R I R R G S M N U
E R E I E R U O P V S E B I
K I T O E K A N O J O E G S
T E P A P E G A A I M U F P
```

KANARIE	REIER
HOENDER	VOLSTRUIS
KRAAI	PAPEGAAI
KOEKOEK	POU
EEND	PELIKAAN
AREND	PIKKEWYN
EIER	MOSSIE
FLAMINGO	OOIEVAAR
GANS	SWAAN
MEEU	TOEKAN

64 - Art

```
A G W V N E F N H F H Z Q S
L O N U K E I M A R E K L I
Y I U U W G S Q H I M Z M
L S E I I I U N Ë R G B W B
S R D S M I U C B O V B W O
B L R K W Y R R F U P U K O
P E R S O O N L I K E I O L
U I T B E E L D I N G F M V
S A M E S T E L L I N G P I
E E R L I K N W N P O H L S
I G E Ï N S P I R E E R E U
S U R R E A L I S M E K K E
C Y D R E Y R E D L I K S L
B E E L D H O U W E R K T E
```

KERAMIEK   SKILDERYE
KOMPLEKS   PERSOONLIKE
SAMESTELLING   POËSIE
SKEP   UITBEELDING
FIGUUR   BEELDHOUWERK
EERLIK   SURREALISME
GEÏNSPIREER   SIMBOOL
BUI   VISUELE

65 - Nutrition

```
S G G G N A G E X A V G E F
E O E T L Q E T P G D E E E
T K U S F B W A Y I Q B T R
N A B S O T I R G F E A B M
O L T U T N G D N S S L A E
O O B L S E D I I T D A R N
W R I T G I N H R O K N E T
E I T E N M O L E F K S T A
G E T E I A S O T I T E L S
D Ë E I D T E O R J D E A I
N I R T E I G K E M K R H E
Z D E A O V B G V A B D E O
E G Y E V G E U R G M E G S
S T S K T P R O T E Ï E N E
```

EETLUS
GEBALANSEERDE
BITTER
KALORIEË
KOOLHIDRATE
DIEET
VERTERING
EETBARE
FERMENTASIE
GEUR

GEWOONTES
GESONDHEID
GESOND
VOEDINGSTOF
PROTEÏENE
GEHALTE
SOUS
GIFSTOF
VITAMIEN
GEWIG

66 - Hiking

```
V O O R B E R E I D I N G G
N G S L E W E T S R O X R E
A I W I C T K P N O L T E V
T Q K C D E A A A R E P B A
U F L D U R K W R R L S M R
U S I D I D F H K A K N O E
R U M Q R E E P M A K E E R
L C A E E S R L R W S A G K
L D A P I D O E T S E X S L
X A T V Q I A B K L I P P E
K A A R T G R U U S O N B D
O R I Ë N T A S I E D E H L
W E D Z V F H F T L X H J I
P B D R R B R M C Q F O N W
```

DIERE	NATUUR
STEWELS	ORIËNTASIE
KAMPEER	PARKE
KRANS	VOORBEREIDING
KLIMAAT	KLIPPE
GIDSE	BERAAD
GEVARE	SON
SWAAR	MOEG
KAART	WATER
BERG	WILDE

67 - Professions #1

```
S L O O D G I E T E R L P P
D I A M B A S S A D E U R I
O R E T S G E E L P R E V A
K A M L Q A H T E J A J Y N
T B F Q K T N A K I S U M I
E A R R J U E A D V J W D S
R N V V I P N M A A W E A M
E K Y C S G Z D T S E L N A
T I T G M I T G I O B I S T
G E G O O L O E G G N E E R
A R U E R U K O R P E R R O
J K A R T O G R A A F W G O
R E D A K T E U R G H V F S
S T E R R E K U N D I G E K
```

AMBASSADEUR	JAGTER
STERREKUNDIGE	JUWELIER
PROKUREUR	MUSIKANT
BANKIER	VERPLEEGSTER
KARTOGRAAF	PIANIS
AFRIGTER	LOODGIETER
DANSER	SIELKUNDIGE
DOKTER	MATROOS
REDAKTEUR	MAAT
GEOLOOG	

68 - Barbecues

```
S L P V T R A B R A A I G F
S O K A X Y B A P B B R V S
O P M K S R E D N I K T X M
O T E E K R U V H D P C R M
P J I L R E G N O H E M Y Y
J L A B E M U S I E K T V I
F L A W D T S O U S M S E S
A G L X N D J V Q Q O O O O
M E S S E M K I E T G U R V
I G V H O V N B E A B T S Y
L J I D H S X K O S F Z L S
I T A M A T I E S X U O E W
E D N E I R V X Y X W A R M
N G R O E N T E V G C W E M
```

HOENDER	WARM
KINDERS	HONGER
AANDETE	MESSE
FAMILIE	MUSIEK
KOS	SLAAIE
VURKE	SOUT
VRIENDE	SOUS
VRUGTE	SOMER
SPELETJIES	TAMATIES
BRAAI	GROENTE

69 - Chocolate

```
A N T I O K S I D A N T G V
Z L E K K E R G O E D K U V
E G A R S C A R O M A A N Y
K N P M W O R S A L S L S E
I A V M B J U G K E M O T K
L R R A F A E P A E A R E S
R D E A H S G E K D A I L O
E N K M M R E S W D K E I T
E K I M I E T E M N Y Ë N I
H U U W P P L R H A L T G E
S N S A P P A Y G T N U Z S
R O H A M A H R X S O W K E
U Q E P O L E T R E T T I B
Y D H T X K G M E B B E J A
```

ANTIOKSIDANT
AROMA
AMBAGSMAN
BITTER
KAKAO
KALORIEË
LEKKERGOED
KARAMEL
KLAPPER
DRANG

HEERLIKE
EKSOTIESE
GUNSTELING
GEUR
BESTANDDEEL
GEHALTE
RESEP
SUIKER
SOET
SMAAK

70 - Vegetables

```
P A M P O E N I M T E S S A
A G O Y O L T X D W R A P A
A K U S E L D E R Y T M I R
R O I R G D P H E D J P N T
Y G R H V W W B M D I I A I
Z I F T R R L K M Z E O S S
T A M A T I E X E Y Y E I J
O U G L E S V I G F V N E O
L U U K R L B L E F F O N K
A I B Z U A B L O M K O O L
S Y D A R A W O R T E L F X
L Q B F L I L O C C O R B T
R J K O M K O M M E R X I R
P I E T E R S I E L I E F D
```

ARTISJOK	UI
BROCCOLI	PIETERSIELIE
WORTEL	ERTJIE
BLOMKOOL	PAMPOEN
SELDERY	RADYS
KOMKOMMER	SLAAI
EIERVRUG	SALOT
KNOFFEL	SPINASIE
GEMMER	TAMATIE
SAMPIOEN	RAAP

71 - The Media

```
A H Q R H S G N I D U O H Z
X I P W X W E K S H I E G A
I X F F F U Y Z Y Z T L N A
K E Q Y M V H A W I G E I N
P R K V Y Z R U R U A U S L
O P I N I E T I E F W T D Y
T E R G F B Z R D F E K N N
B E D R Y F E T N A R E O K
R A D I O X L E O E Q L F R
O P E N B A R E L O E L E E
P L A A S L I K E D H E B W
D I G I T A L E X M E T I T
I N D I V I D U E L E N K E
K O M M E R S I Ë L E I I N
```

HOUDINGS	BEDRYF
KOMMERSIËLE	INTELLEKTUELE
DIGITALE	PLAASLIKE
UITGAWE	NETWERK
ONDERWYS	KOERANTE
FEITE	AANLYN
BEFONDSING	OPINIE
BEELDE	OPENBARE
INDIVIDUELE	RADIO

72 - Boats

```
J M S O O R T A M K S F A Y
X J N A A E S O M A E N N J
U G D Q M D E V E J I V K N
B N T F U D L S E A L H E A
U I L R E I V I R K J Q R U
M N L F L N L E J G A U E T
G N O I W G B O N X G M L I
S A Y L H S O A O J M T D S
J M A T O B E C F B I B Z C
F E R R Y O I T O U E N Z H
H B K Y T O L V T K A N O E
D O K Z M T O O B L I E S H
O H G R Q D A C C Z G E C G
S I Z G G D U Q N D O O P E
```

ANKER	MAS
BOEI	NAUTISCHE
KANO	OSEAAN
BEMANNING	VLOT
DOK	RIVIER
ENJIN	TOU
FERRY	SEILBOOT
KAJAK	MATROOS
MEER	SEE
REDDINGSBOOT	SEILJAG

73 - Activities and Leisure

```
V T L A B F O B C R S M Y G
L E V S O T H O B E Z W R P
U N R E K K O S I E R X E G
G N E I S A T R H P X B D M
B I E J G P A T S M A T L T
A S G D O H L M R A M U I Y
L S I R F L O G N K I P K K
E G V E Q H B L Y I D I S K
L N A P S T N O F U U J F U
U A N K C M A Y V D N T F N
Y V I O B A S K E T B A L S
J S P T I N K O P I E S M Q
R I C S R C X T N I U S C D
Z V M X L Z V I Y J N N O B
```

KUNS	STOKPERDJIES
BOFBAL	SKILDERY
BASKETBAL	ONTSPAN
BOKS	INKOPIES
KAMPEER	SOKKER
DUIK	NAVIGEER
VISVANG	SWEM
TUINMAAK	TENNIS
GHOLF	REIS
STAP	VLUGBAL

74 - Driving

```
V B R A N D S T O F U W O V
I E P O L I S I E R S F N E
J Y I Q B R A A V E G R G R
Y K U L O E G A R A G E E K
P H W G I C S Q D X V M L E
A B Q V P G I T N K M M U E
D M O T O R H L U T G E K R
T O N N E L V E S U I K S K
O J T P J H I J I S R G S C
V R A G M O T O R D P D T E
C T A K A A R T C K G O E X
M L R L I S E N S I E K E R
R D T V O E T G A N G E R D
G V S M O T O R F I E T S R
```

ONGELUK	MOTORFIETS
REMME	VOETGANGER
MOTOR	POLISIE
GEVAAR	PAD
BESTUURDER	VEILIGHEID
BRANDSTOF	SPOED
GARAGE	STRAAT
GAS	VERKEER
LISENSIE	VRAGMOTOR
KAART	TONNEL

75 - Professions #2

```
S I L A N R E O J S F J K C
P C R Q R E D N I V T I U X
E G E C D D E L W Z G M K T
U H S U Y L G J J T I R G T
R Q Y X Z I B I O L O O G A
D L W C H K F I L O S O O F
E J R Y H S T R A D N A T U
R P E E G I D N U K L A A T
R E D R E E R T S U L L I E
R B N H I T R U K E J K I V
V I O U M F A A R G O T O F
I N G E N I E U R G B O E R
R U I M T E V A A R D E R A
N O O T U I N I E R L N D Z
```

RUIMTEVAARDER
BIOLOOG
TANDARTS
SPEURDER
INGENIEUR
BOER
TUINIER
ILLUSTREERDER

UITVINDER
JOERNALIS
TAALKUNDIGE
SKILDER
FILOSOOF
FOTOGRAAF
CHIRURG
ONDERWYSER

76 - Emotions

```
V B G B N T V B L I S S X V
U R V R E D E E D E O W P E
K S E D V W D N R X R O D R
P I N U T N T C R X V A V
T M N O G H O E L Z A D N E
A P A H U D W V Q Q W S K L
M A P N K I E R Z W R E B I
B T S I R E G E L Y R E A N
K I T D M H P D K I P R A G
A E N Z Z R O E L B E V R C
L Z O J F E J O I L E F I D
M U X Z N E W R Q R Z W D D
G Y R G V T V E R L E Ë P E
H A R T S E E R K K L Z F R
```

WOEDE	VREUGDE
BLISS	LIEFDE
VERVELING	VREDE
KALM	ONTSPANNE
INHOUD	HARTSEER
VERLEË	TEVREDE
OPGEWONDE	VERRAS
VREES	SIMPATIE
DANKBAAR	TEERHEID

77 - Mythology

```
D B Z W J X B P L B L C O L
F W G R E G Y R K H E Y O A
U S D E U X B J B V G C R B
O M L E S P E K S W E K T I
E P S W H G P R K Q N A U R
L N P R E N I D A O D F I I
J Q A E L I T L A P E V G N
K A I D D P E E R A M P I T
U A L N I P G H W E I Q N G
L J B O N E R C J U E P G O
T B T D E K A M J Y E W S D
U D I G V S S T E R K T E E
U L H F E K I L F R E T S J
R E T S N O M E G E D R A G
```

ARGETIPE	JALOESIE
GEDRAG	LABIRINT
OORTUIGINGS	LEGENDE
SKEPPING	WEERLIG
SKEPSEL	MONSTER
KULTUUR	STERFLIKE
GODE	WRAAK
RAMP	STERKTE
HELD	DONDERWEER
HELDIN	KRYGER

78 - Hair Types

```
G N H L T A R S U C U X G R
T E K N I L B A C V J K E V
U D S R W D G G Q M A M V Z
W R Y O U Y V T R A W S L B
D U R D N L R E U K K K E S
D E G L R D L A A K R C G B
P L A T R O K E Z K U J R R
D K I D E P Ë D N O L B M U
U E V E C G K N Q N L J P I
N G N T J S L E S G E L V N
F V I W E L J W L K R Y K W
S U H D L F L L A B I K U X
P P F Q P Y U O N N G E K S
E D V F Q D B G K G E M D D
```

KAAL	GRYS
SWART	GESOND
BLOND	LANK
GEVLEG	BLINK
VLEGSELS	KORT
BRUIN	SAGTE
GEKLEURDE	DIK
KRULLE	DUN
KRULLERIGE	GOLWENDE
DROË	WIT

79 - Garden

```
X W S J Q I P K I B E K J N
B N M G R A S P E R K M X U
L O N E I L O P M A R T V I
Q A O R O T S E M R A T F D
T I U R R F A A R G H U L W
K K E M D S O M X N V I R X
O G Y P P B N O G I V N B Y
B A N K E G K O M N U U L S
G R A S O B R B W I A F O L
M S H L T R U F X E Z H M A
A Q S S S H I H A H A D A N
O T E W W S D D K I X R D G
L D J Q Z E Y G A R A G E O
T E R R A S C Q L U H Z O J
```

BANK	BOORD
BOS	DAM
HEINING	STOEP
BLOM	HARK
GARAGE	ROTSE
TUIN	GRAAF
GRAS	TERRAS
HANGMAT	TRAMPOLIEN
SLANG	BOOM
GRASPERK	ONKRUID

80 - Diplomacy

```
A B G E M E E N S K A P R S
U M U K O N F L I K E S E A
Z W B R B U R G E R S D G M
U V V A G O K R D N Y G E E
P H I F S E W J E X U N R W
K Z Q T E S R P K T Q I I E
E R Ê T I N A M U H I K N R
I J M I S Z G D D P A E G K
T X A I U Z C T E C D R K I
I Y A N L E B A G U F P F N
L P B G O V T K I L R S J G
O G N I S S O L P O Q E S X
P R Q X E S P D I B E B O F
Y G I T R A M B A S S A D E
```

AMBASSADEUR   AMBASSADE
BURGERS   ETIEK
BURGER   REGERING
GEMEENSKAP   HUMANITÊRE
KONFLIK   POLITIEK
SAMEWERKING   RESOLUSIE
BESPREKING   OPLOSSING

81 - Countries #1

```
E S Y A L E U Z E N E V I E
N O O R W E Ë W G I W D T G
K A N A D A C C E C A K A I
N F E C D P V L O A S M L P
M H I V N O K K O R A M I T
B E D N A L T E L A M V Ë E
D R L I L K P A W G A I I E
W L A R S A H S B U N Ë B N
T T G S T R N R W A A T I R
L O E G I I A D J W P N L B
K B N I U L R E R P B A Y Z
I P E Z D I I C L O N M U J
K N S O K O W Ë Q L D V N P
S P A N J E Ë I N E M E O R
```

BRASILIË
KANADA
EGIPTE
FINLAND
DUITSLAND
IRAK
ISRAEL
ITALIË
LETLAND
LIBIË

MAROKKO
NICARAGUA
NOORWEË
PANAMA
POLE
ROEMENIË
SENEGAL
SPANJE
VENEZUELA
VIËTNAM

82 - Adjectives #1

```
A A N T R E K L I K I P E P
E K E I T S I T R A D L R R
P D S F M U E Q S D E Q N A
I I L P O E U F B O N M S G
Q O M C D I C N B N T E T T
B Q Z D E S S L C K I K I I
G E U U R I L W E E E S G G
E T L N N B H A A R S O O E
L U O A E M K L D A E T G S
U L H O N A R Z A G R I R T
K O P R U G I T T U N E U A
K S A X X L R J R N O S I D
I B C O L C J I K F P E M I
G A E E R L I K K X O G G G
```

ABSOLUTE	SWAAR
AMBISIEUSE	NUTTIG
ARTISTIEKE	EERLIK
AANTREKLIK	IDENTIESE
PRAGTIGE	BELANGRIK
DONKER	MODERNE
EKSOTIESE	ERNSTIG
RUIM	STADIG
GELUKKIG	DUN

83 - Landscapes

```
S N A B G G J Z Y J O S F Y
O R R E L E S A O D B G H S
T D E R T F Y S A E Z Y Z B
N U S G X D A S R T I U X E
Y S T R A N D W E M E E R R
T O E N D R A S M R L Y D G
S H L H E U W E L G L X L K
E N G D Z R Y T C F A H L J
O Q A M O E R A S R V J E Y
W S X Y A I S G R O T Y N M
Q S E V K V T E R A O M V N
I D N A L I E L E R Z Q C L
W Z V A A R W A T E R V A L
K W I J L N A A K L U V J N
```

STRAND	OASE
GROT	OSEAAN
WOESTYN	RIVIER
GEYSER	SEE
GLETSER	MOERAS
HEUWEL	TOENDRA
YSBERG	VALLEI
EILAND	VULKAAN
MEER	WATERVAL
BERG	

84 - Plants

```
P O M I L K M Y J W K E W F
C L E S I E O L B O U R M L
N J A V A K L W I R N U W O
P S U N B Z B F Z T S O B R
T E I J T N O O B E M P A A
U O N D V K D L N L I O I R
I B L Y S I U Q E I S S E B
N M O O B V Y N R X A Y H J
M A U G S Q V T D M R Y D O
O B N F R T W B Y E G D Y F
S U T K A K A Y L E Y Q B G
H E A N W Q J M C A E X H O
B L O M B L A R E Q R J Q V
P L A N T E G R O E I E W Z
```

BAMBOES	BOS
BOONTJIE	TUIN
BESSIE	GRAS
BLOEISEL	KLIMOP
PLANTKUNDE	MOS
KAKTUS	BLOMBLARE
KUNSMIS	WORTEL
FLORA	STAM
BLOM	BOOM
BLARE	PLANTEGROEI

85 - Boxing

```
F  X  V  A  A  R  D  I  G  H  E  I  D  B
S  Y  A  W  B  G  E  L  M  B  O  O  G  E
V  I  N  N  I  G  E  T  O  F  M  Q  W  S
A  B  W  B  E  R  A  E  T  O  I  G  G  E
B  H  Q  X  D  E  R  E  O  K  M  D  Z  R
A  V  L  L  Q  T  S  N  L  U  J  C  W  I
X  Q  Y  A  R  G  A  S  X  S  Z  T  X  N
H  E  R  S  T  E  L  T  B  P  Y  P  E  G
K  E  N  I  Q  V  M  A  A  G  G  I  L  S
E  O  T  B  H  U  F  N  P  U  N  T  E  V
O  Y  L  Q  W  I  S  D  I  G  T  O  U  E
H  Y  B  K  N  S  D  E  P  N  L  F  L  Q
L  D  R  E  T  G  E  R  S  D  I  E  K  S
H  A  N  D  S  K  O  E  N  E  S  K  O  P
```

KLOK	BESERINGS
LIGGAAM	SKOP
KEN	TEENSTANDER
HOEK	PUNTE
ELMBOOG	VINNIGE
VEGTER	HERSTEL
VUIS	SKEIDSREGTER
FOKUS	TOUE
HANDSKOENE	VAARDIGHEID

86 - Countries #2

```
M O L D S S G H X S L A S B
E N I I E O I S B F A X O G
X I B L T N E R E L O G M Q
I G E Ë P A E D I U S H A A
K E R I E T J M A Ë R B L G
O R I P Z S I O A N E L I R
E I Ë O W I O E P R A A Ë I
N Ë S I C K S N P H K P C E
P K D H N A P A J B I E A K
H A Ï T I P R U S L A N D E
U E D E K L P O N V M W N L
L I B A N O N P W P A O A A
A L B A N I Ë Z B V J J G N
O E K R A Ï N E O F H F U D
```

ALBANIË   MEXIKO
DENEMARKE   NEPAL
ETHIOPIË   NIGERIË
GRIEKELAND   PAKISTAN
HAÏTI   RUSLAND
JAMAIKA   SOMALIË
JAPAN   SOEDAN
LAOS   SIRIË
LIBANON   UGANDA
LIBERIË   OEKRAÏNE

87 - Ecology

```
K  L  I  M  A  A  T  R  G  S  H  Y  E  P
I  I  A  H  P  H  D  V  Q  P  V  K  P  L
H  A  B  I  T  A  T  R  U  E  N  D  P  A
A  R  N  A  T  U  U  R  J  S  H  A  A  N
R  O  E  U  E  G  J  N  A  I  B  Z  K  T
K  L  I  Z  T  N  K  V  B  E  H  X  S  E
Z  F  J  J  U  I  N  K  K  S  V  K  N  G
G  R  A  Q  D  W  G  O  X  Z  V  A  E  R
P  L  A  N  T  E  M  A  R  I  E  N  E  O
G  L  O  B  A  L  E  B  M  B  G  D  M  E
V  L  R  G  N  R  H  H  E  A  P  X  E  I
N  A  E  T  G  O  O  R  D  R  R  L  G  Y
F  A  U  N  A  O  X  A  V  A  G  S  U  A
N  A  T  U  U  R  L  I  K  E  B  E  H  H
```

KLIMAAT	BERGE
GEMEENSKAPPE	NATUURLIKE
DROOGTE	NATUUR
FAUNA	PLANTE
FLORA	HULPBRONNE
GLOBALE	SPESIES
HABITAT	OORLEWING
MARIENE	PLANTEGROEI
MARSH	

88 - Adjectives #2

```
S D R A M A T I E S D R O Ë
M O U M Y G I R E P A L S J
W C U K R E T S W V E V O Q
I U T T E S H E I E D T U L
J N E L K O O L L W N S T F
T E T H I N N E D E E U E T
N C F E L D G G E I W Z N R
X U O D R X E A M T Y S T O
K J W N U E R N W A R M I T
N C X E U U S T Q E K R E S
P E P K T R C S S R S J K A
N R O E A A J Q A K E V E S
C A H B N X U M I N B G M D
B E G A A F D E J S T U O B
```

OUTENTIEKE   HONGER
KREATIEWE   INTERESSANT
BESKRYWENDE   NATUURLIKE
DRAMATIES   NUWE
DROË   TROTS
ELEGANT   SOUT
BEKENDE   SLAPERIG
BEGAAFDE   STERK
GESOND   WILDE
WARM

89 - Psychology

```
U T E E Q D S Z Q R G O F P
P R E S R A K R T L X E N P E
G R E A V G G O L C D D R R
R A I J L A Y G M Y A E O S
B P N R M R R N C E G R B E
K I I E E D R I T H T B L P
O E L D M E X L N Y E E E S
G I K N O G E L K G S W E I
N S I I S B Q E A A S U M E
I A L K I E R T R L E S L P
S S F H E E X S C S E S F D
I N N U S N H N U N D Y Y I
E E O B O Y P A Z A I N X J
J S K J F Z Q A G A X R W G
```

AANSTELLING
AANSLAG
GEDRAG
KINDERJARE
KLINIESE
KOGNISIE
KONFLIK
DROME
EGO

EMOSIES
ERVARINGS
IDEES
PERSEPSIE
PROBLEEM
SENSASIE
ONDERBEWUSSYN
TERAPIE
GEDAGTES

90 - Math

```
F V H W M O S G V R Y Y J I
H P E F E V M L E K E O H U
G R L I E G E A S T F Q K C
K U A Q T O L E L L A R A P
Q B M J K E O H G E R L J L
T H I N U A R E K H Q B L K
A D S T N E N O P S K E V E
R F E E D N U K N E K E R O
A V D K E T N A K R E I V H
D O A E E N S R U E D T R E
I L F R L U Z W E I P U J I
U U P T X I O X R E J H I R
S M C M J A N G B E Q I M D
A E Z O T Q E G L R A L G Q
```

HOEKE	GETALLE
REKENKUNDE	PARALLEL
DESIMALE	OMTREK
DEURSNEE	RADIUS
AFDELING	REGHOEK
EKSPONENT	VIERKANTE
BREUK	DRIEHOEK
MEETKUNDE	VOLUME

91 - Activities

```
V A A R D I G H E I D G V B
F O T O G R A F I E G Q I E
T O N T S P A N N I N G S L
O N S D K N H X W V F S V A
W A P W X E A M F T O T A N
E A E K R E W D N A H A N G
R L L E E K J M S G Y P G E
K D E I I O U K W S A K W K
U W T M S L S N L V P K D A
N E J A E J M O S M X J R M
S R I R L L E E S B J A G P
V K E E P G L T N R R U F E
I L S K A A M N I U T E W E
G Y A K T I W I T E I T I R
```

AKTIWITEIT	JAG
KUNS	BELANGE
KAMPEER	BREI
KERAMIEK	ONTSPANNING
HANDWERK	TOWERKUNS
DANS	FOTOGRAFIE
VISVANG	PLESIER
SPELETJIES	LEES
TUINMAAK	NAALDWERK
STAP	VAARDIGHEID

92 - Business

```
V G O E E A K V E U A R K A
A V I F K H W A E T H A O F
E K O N O M I E N R Y F S S
W E R K N E M E R T K D T L
I R F Z U G N T E N O O E A
N E G A P V T K F K D O O G
K D E Q B X G B Z H K V R P
O E L T J R M L P I F M I E
M O D Q G N I T O R G E B O
S G D I E H N E E D L E G R
T W I N K E L U K I O V U E
E L T D B E L E G G I N G B
B E S T U U R D E R J A V D
F I N A N S I E S T A Z X M
```

BEGROTING	INKOMSTE
BEROEP	BELEGGING
KOSTE	BESTUURDER
GELDEENHEID	GOEDERE
AFSLAG	GELD
EKONOMIE	KANTOOR
WERKNEMER	VERKOOP
FABRIEK	WINKEL
FINANSIES	

93 - The Company

```
R P B E S I G H E I D R R K
I R B E L E G G I N G Y E R
S O H U L P B R O N N E E E
I D D T X V G E H A L T E A
K U F L E L A B O L G N Q T
O K L N S B E S L U I T J I
S P F G N I D E I B N A A E
I N D I E N S N E M I N G W
W T X J D E E N H E D E O E
T U F N N V O R D E R I N G
W Z M R E B E D R Y F R Y E
X A H E T S M O K N I J I O
P R O F E S S I O N E L E S
M O O N T L I K H E I D H E
```

BESIGHEID
KREATIEWE
BESLUIT
INDIENSNEMING
GLOBALE
BEDRYF
BELEGGING
MOONTLIKHEID
AANBIEDING

PRODUK
PROFESSIONELE
VORDERING
GEHALTE
HULPBRONNE
INKOMSTE
RISIKO'S
TENDENSE
EENHEDE

94 - Literature

```
J B D B V S T Y L R O F E V
B E S K R Y W I N G D P O E
D I A L O O G B H J R O I R
B O E K E I D E G A R T D T
V E S E I T Ë O P M U F R E
P T I I G E G U Z G E R Y L
Y O L N O C I V S V T H M L
A D A I L P D F X I U B O E
K K N P A M E T A F O O R R
B E A O N F G T R R I Q O M
D N D U A I M V E I G Q H T
Y A N O O X Z Z Z M T O B Z
Y N B F I K S I E T A M I U
V E R G E L Y K I N G E E B
```

ANALOGIE
ANALISE
ANEKDOTE
OUTEUR
BIOGRAFIE
VERGELYKING
BESKRYWING
DIALOOG
FIKSIE
METAFOOR

VERTELLER
BOEK
OPINIE
GEDIG
POËTIESE
RYM
RITME
STYL
TEMA
TRAGEDIE

95 - Geography

```
H A L F R O N D N A L A D X
X K N H C T O N I R N T B K
Z H A V C K P A H U N L J F
T O A A W P B L Z N S A D T
S O I H R D E I B E G S I X
T G D E N T R E R I V I E R
A T I E I N G D N R D W A W
D E R L Z E V G B Y H M Y R
R M E A D N Q N M Z G W B P
O U M L X I L A T I T U D E
O X N A J T H S T R E E K Z
N L L L E N O S E A A N D Q
S E E P N O C T T P Y A E K
E U M G W K I C E J I S K A
```

HOOGTE	BERG
ATLAS	NOORD
STAD	OSEAAN
KONTINENT	STREEK
LAND	RIVIER
HALFROND	SEE
EILAND	SUID
LATITUDE	GEBIED
KAART	WES
MERIDIAAN	HEELAL

96 - Pets

```
Z R S O K N B R J J K A O C
P O I K K X M E C W O K J E
F O V O I R E T A W E K F H
P G T B A L C S J Q I E P E
X G O E A R P M B P E D W V
R F F I G A L A O H I I C R
N E D J E E R H D K J S Y B
V D E T P G B R N R D T U S
N E N A A U E T O A N N R J
T H E K P C Y H H A O F M J
Q D N A B I E L B G H V E B
C A J Y R S T E R T A K A C
V O S W M T I R L W A T W O
M U I S X T S G R C S S A R
```

KAT	AKKEDIS
KRAAG	MUIS
KOEI	PAPEGAAI
HOND	POTE
VIS	HONDJIE
KOS	HAAS
BOK	STERT
HAMSTER	SKILPAD
KATJIE	VEEARTS
LEIBAND	WATER

97 - Jazz

```
U K E O O T A G N K L C J L
Z W W A R A P U C U X I I M
M A P B K L P N F N W O E B
U E L O E E L S S K S E Z D
S O H B S N O T R E S N O K
I H W T U T U E D N E K E B
E M T I R M S L O U V W C G
K S E I S A S I V O R P M I
P T L O W S I N O P M O K V
M Y I Y B Z P G D R O M M E
A L D J S F X E K Z C D E P
S A M E S T E L L I N G L A
H U K U N S T E N A A R K C
T E G N I E K J F A Q R Y M
```

ALBUM
APPLOUS
KUNSTENAAR
KOMPONIS
SAMESTELLING
KONSERT
DROMME
KLEM
BEKENDE
GUNSTELINGE

IMPROVISASIE
MUSIEK
NUWE
OU
ORKES
RITME
LIED
STYL
TALENT
TEGNIEK

98 - Nature

```
A C G D D Q E D L I W X W N
H R E I V I R N S H V X O X
K E K Q Z F E B L A R E L L
R G I T U D I E H N O O K S
A I L L I O D G F W X V E A
N T K O I E T D W S B R A B
S S A W R G S U M E R E L O
E U A D Y P D E O I E E C S
V R S I T X E O H P S D P A
G G D B M Q R O M O T S S U
L N O U F E I S O R E A S E
U D O W E P H D W T L M V F
F E N Y T S E O W N G E O M
B Y E O D I N A M I E S U S
```

DIERE	BLARE
ARKTIESE	BOS
SKOONHEID	GLETSER
BYE	VREEDSAME
KRANSE	RIVIER
WOLKE	HEILIGDOM
WOESTYN	RUSTIGE
DINAMIES	TROPIES
EROSIE	NOODSAAKLIK
MIS	WILDE

99 - Vacation #2

```
B V Y Z R O E K P B V B G V
H U S L D B I A A E E E C I
P I I G F D S M S R R S C S
M F E T H N N P P G V T C A
O Q R N E A A E O E O E K H
S A V E V L K E O K E M L E
T E P T I I A R R O R M U T
U A E D G E V N T L N I G T
M V X H O T E L D N R N H K
S H N I T R E I N E Z G A A
B X Y L U L A V L B R J W A
O N T S P A N N I N G P E R
E A P N I S T R A N D G T T
B U I T E L A N D S E W S T
```

LUGHAWE	ONTSPANNING
STRAND	KAART
KAMPEER	BERGE
BESTEMMING	PASPOORT
BUITELANDSE	SEE
BUITELANDER	TAXI
VAKANSIE	TENT
HOTEL	TREIN
EILAND	VERVOER
REIS	VISA

100 - Electricity

```
G L F T N S E P L N I P T D
E V V E R I T K A B E L E R
N X Y L I P K O J Y H Z L A
E K R E W T E N O J O I E D
R M E K P M A L M R O T F E
A A T T L M O G C H D M O G
T G T R A K W U E F S X O F
O N A I S S G T C N R D N N
R E B E E O P O S I T I E F
H E R S R K X N B G L X J F
X T I E T O E R U S T I N G
S E H T E L E V I S I E U P
V O O R W E R P E Q T M O T
Y L E I C G L O E I L A M P
```

BATTERY	NEGATIEF
GLOEILAMP	NETWERK
KABEL	VOORWERPE
ELEKTRIESE	POSITIEF
TOERUSTING	SOK
GENERATOR	STOOR
LAMP	TELEFOON
LASER	TELEVISIE
MAGNEET	DRADE

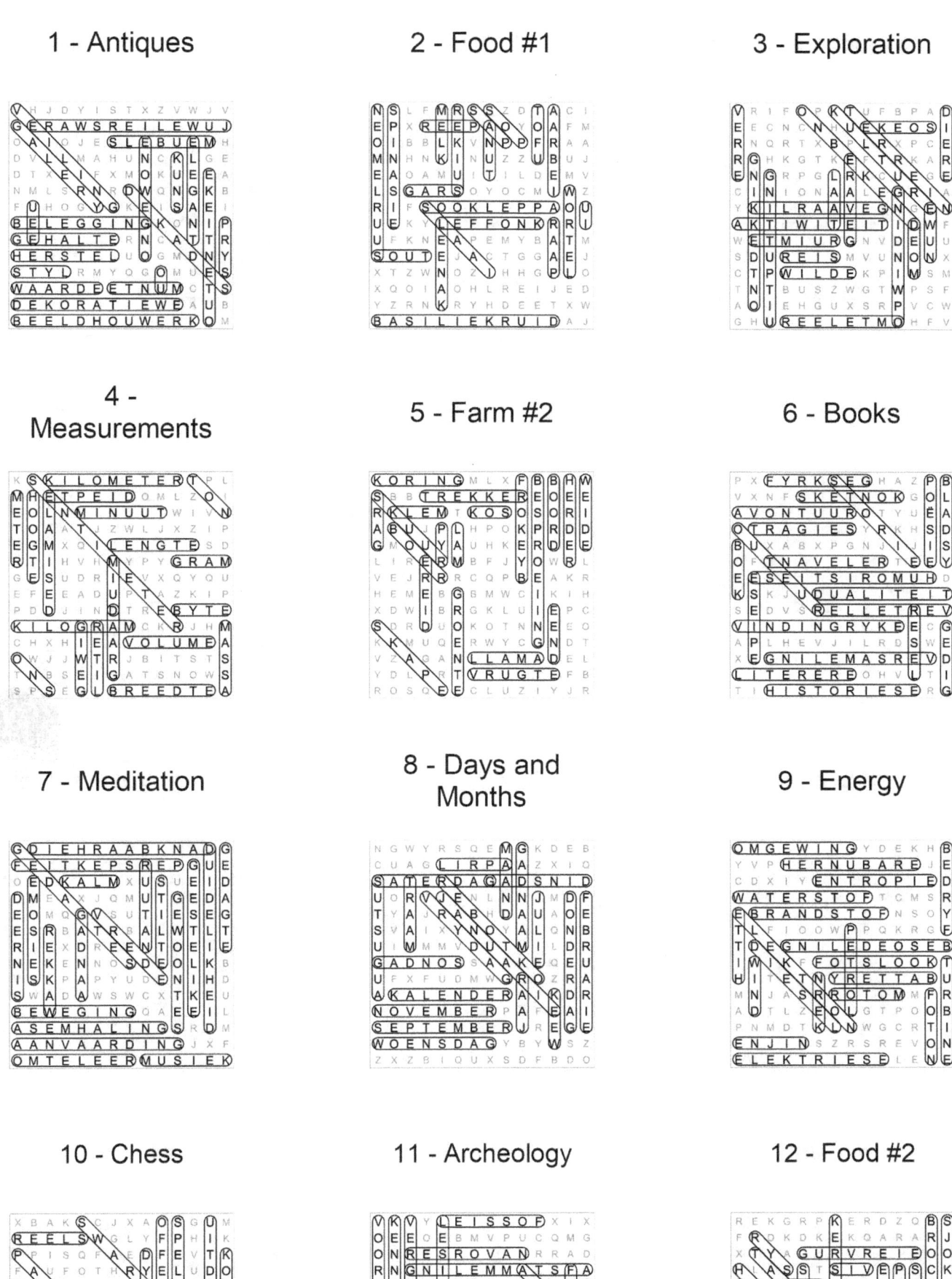

1 - Antiques

2 - Food #1

3 - Exploration

4 - Measurements

5 - Farm #2

6 - Books

7 - Meditation

8 - Days and Months

9 - Energy

10 - Chess

11 - Archeology

12 - Food #2

13 - Chemistry

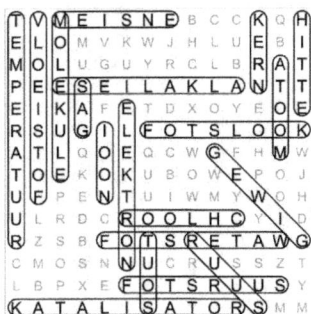

14 - Music

15 - Family

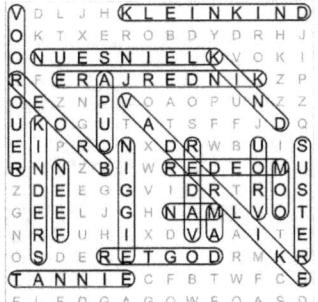

16 - Farm #1

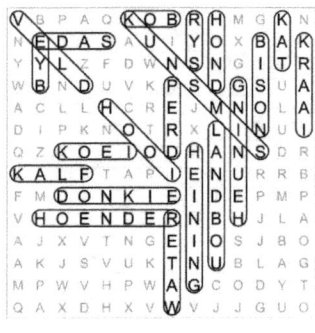

17 - Camping

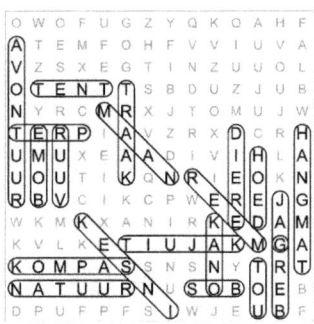

18 - Algebra

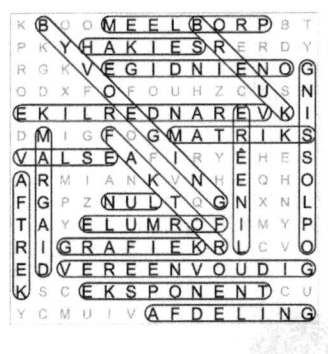

19 - Numbers

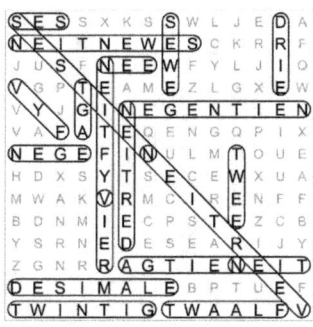

20 - Spices

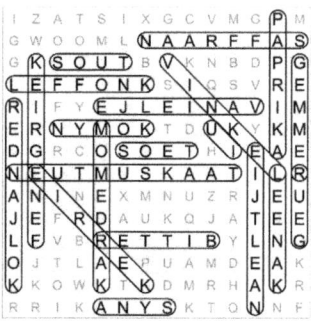

21 - Universe

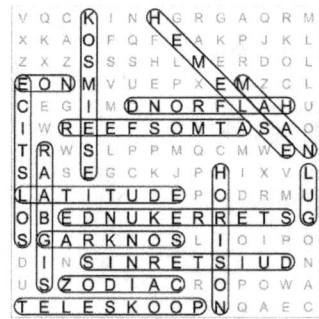

22 - Mammals

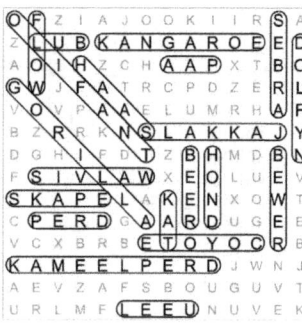

23 - Fishing

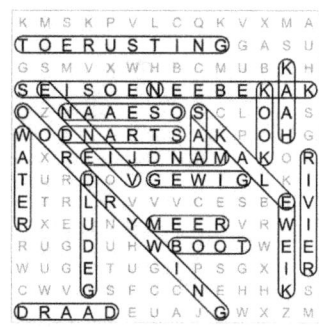

24 - Bees

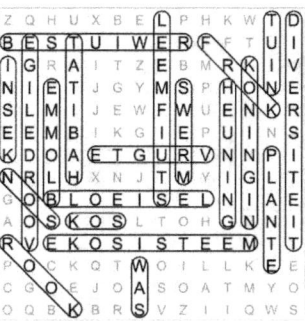

25 - Adventure

26 - Sport

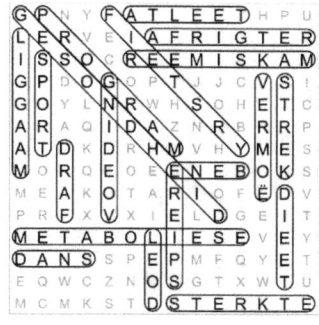

27 - Circus

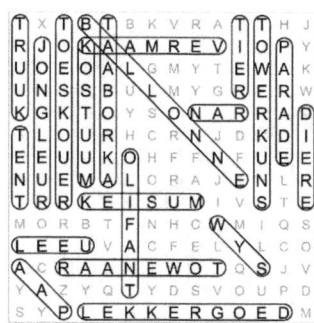

28 - Restaurant #2

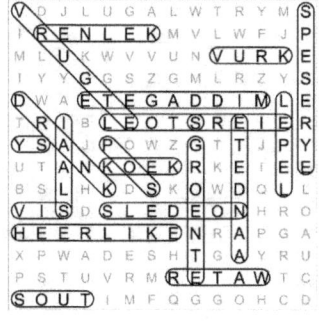

29 - Geology

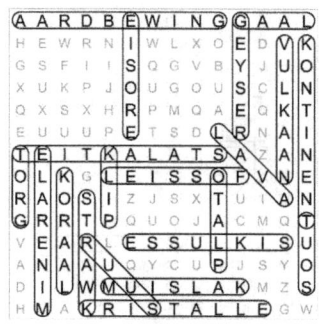

30 - House

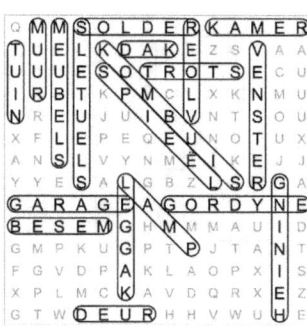

31 - Physics

32 - Dance

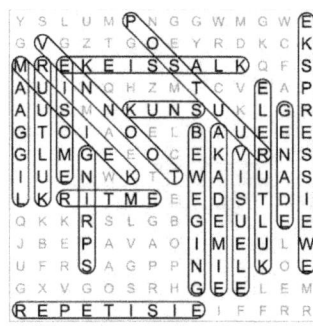

33 - Shapes

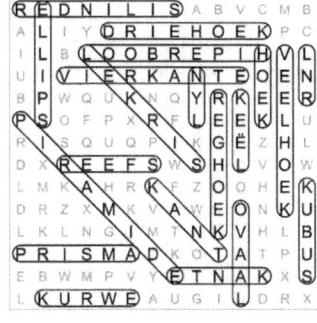

34 - Scientific Disciplines

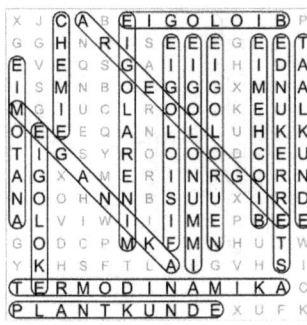

35 - Science

36 - Beauty

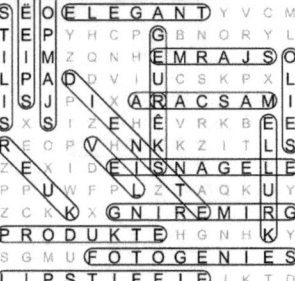

37 - Clothes

38 - Astronomy

39 - Health and Wellness #2

40 - Time

41 - Buildings

42 - Philanthropy

43 - Gardening

44 - Herbalism

45 - Flowers

46 - Health and Wellness #1

47 - Town

48 - Antarctica

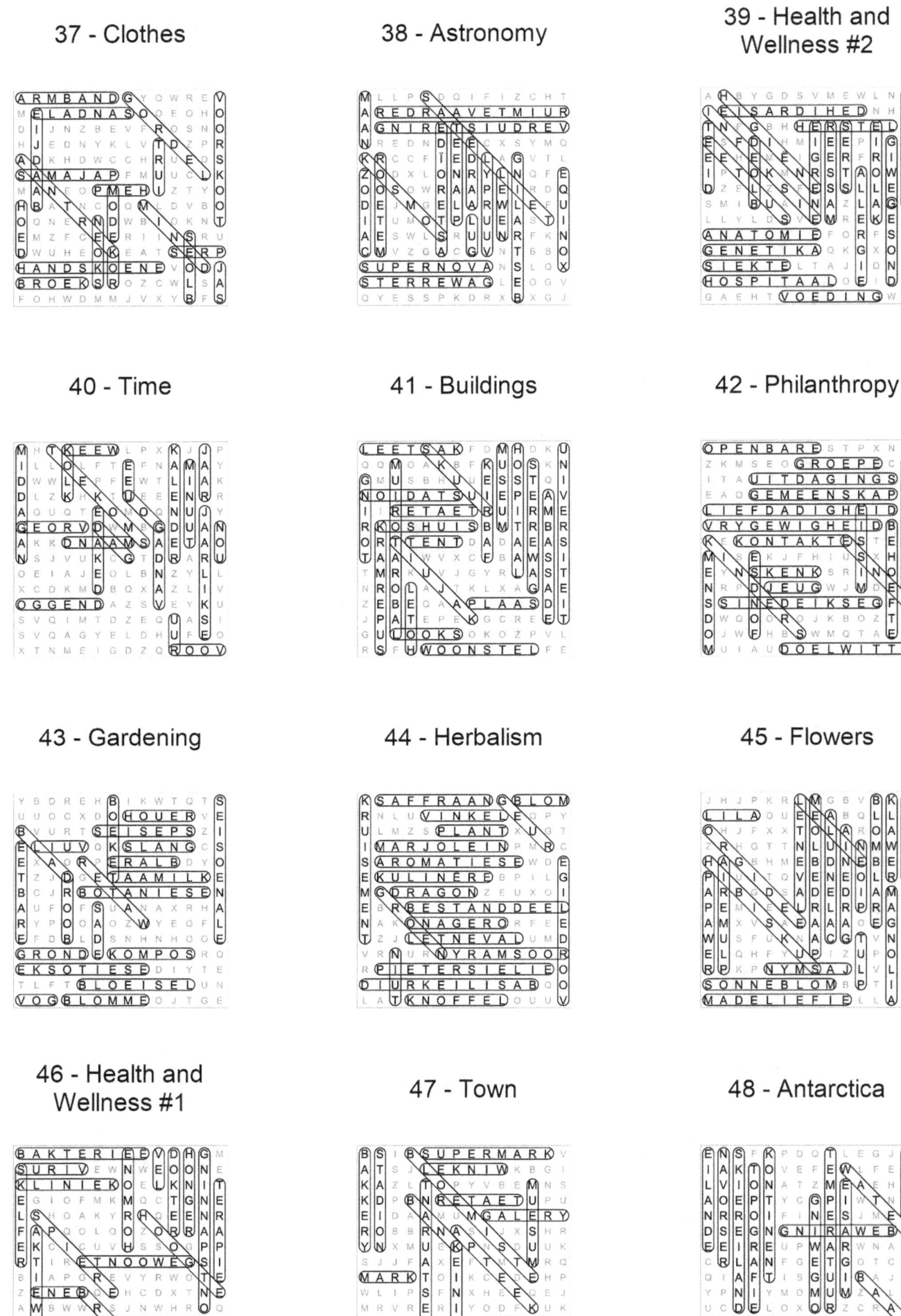

49 - Ballet

50 - Human Body

51 - Musical Instruments

52 - Fruit

53 - Engineering

54 - Kitchen

55 - Government

56 - Art Supplies

57 - Science Fiction

58 - Geometry

59 - Creativity

60 - Airplanes

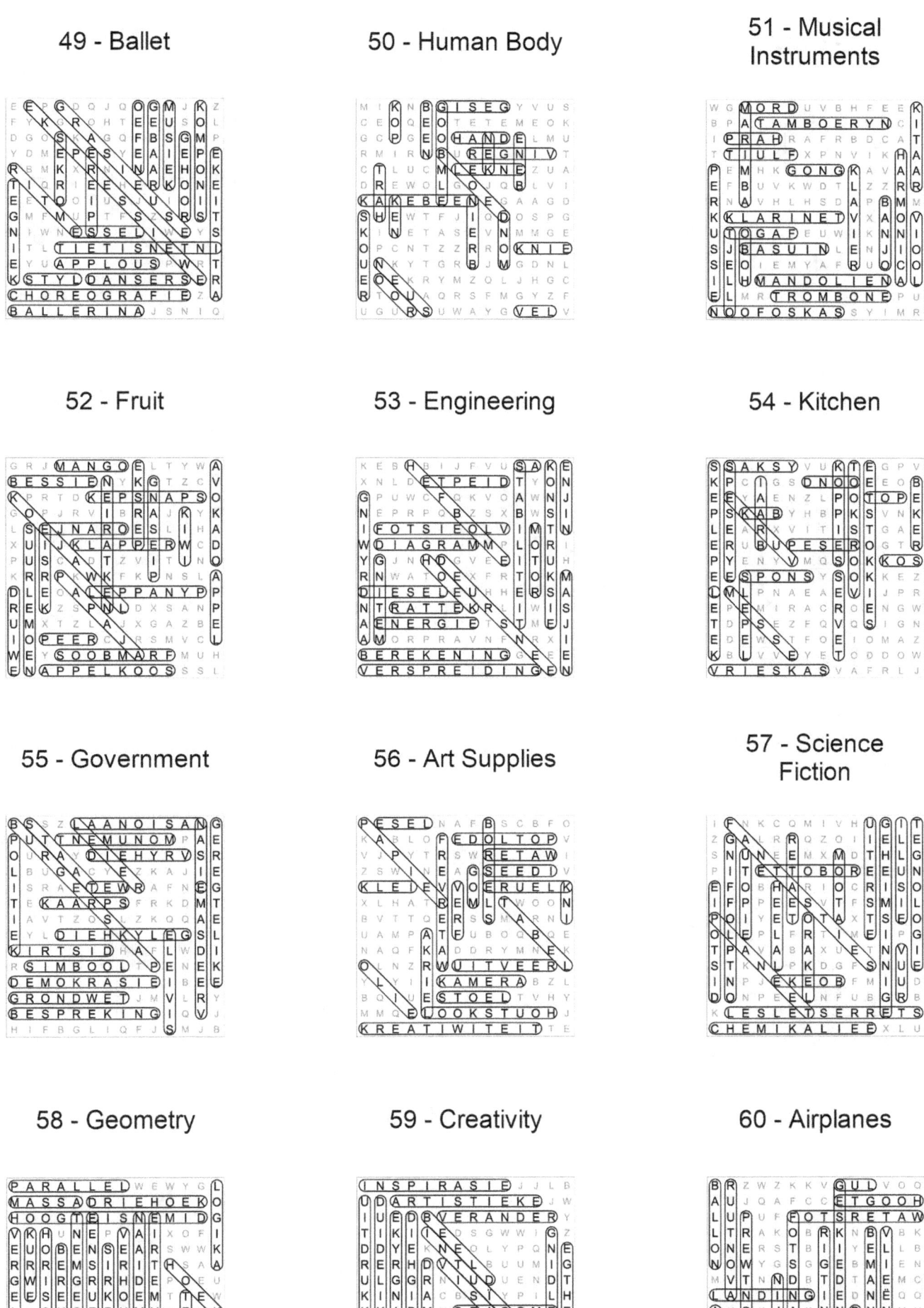

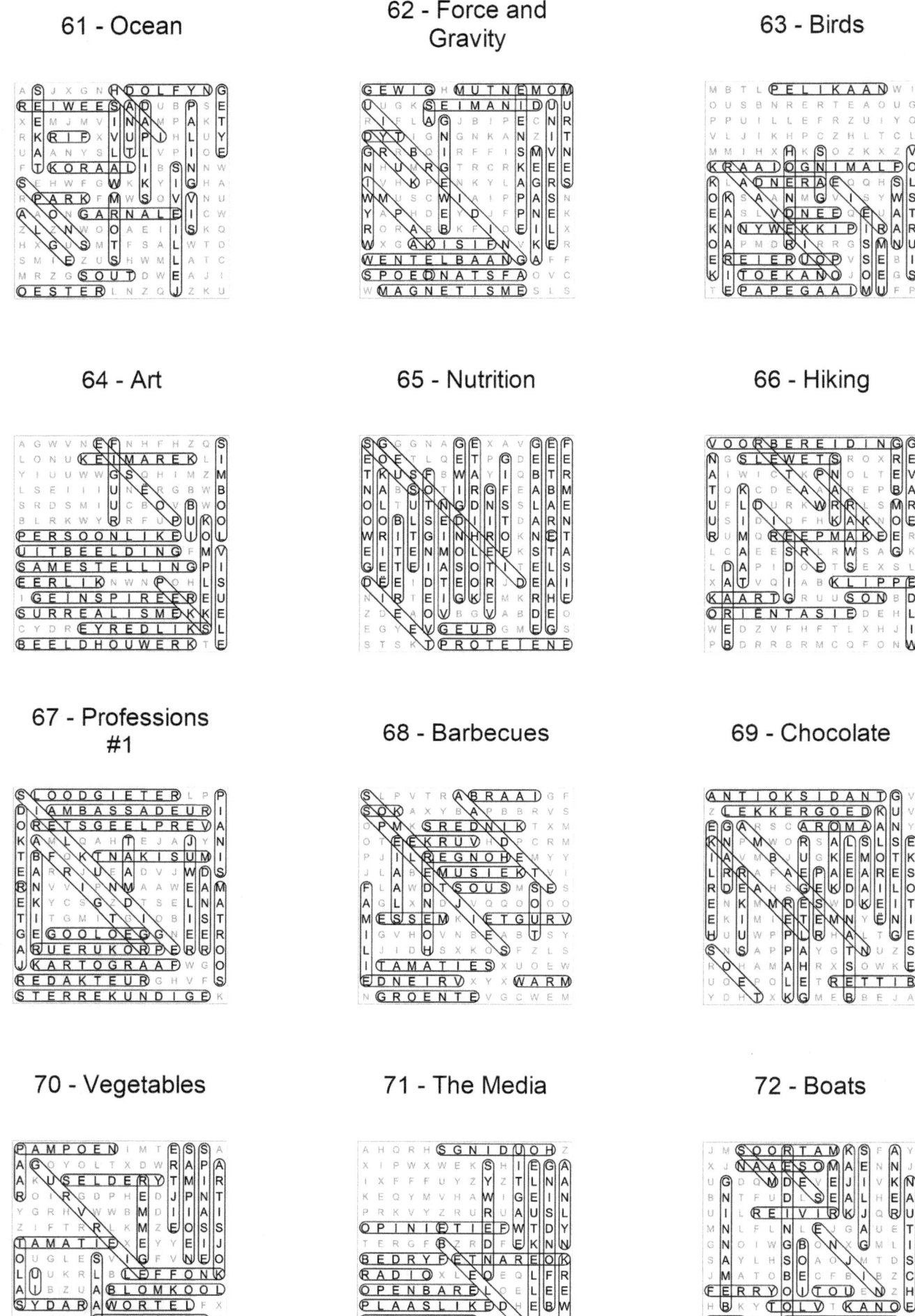

61 - Ocean

62 - Force and Gravity

63 - Birds

64 - Art

65 - Nutrition

66 - Hiking

67 - Professions #1

68 - Barbecues

69 - Chocolate

70 - Vegetables

71 - The Media

72 - Boats

73 - Activities and Leisure

74 - Driving

75 - Professions #2

76 - Emotions

77 - Mythology

78 - Hair Types

79 - Garden

80 - Diplomacy

81 - Countries #1

82 - Adjectives #1

83 - Landscapes

84 - Plants

85 - Boxing

86 - Countries #2

87 - Ecology

88 - Adjectives #2

89 - Psychology

90 - Math

91 - Activities

92 - Business

93 - The Company

94 - Literature

95 - Geography

96 - Pets

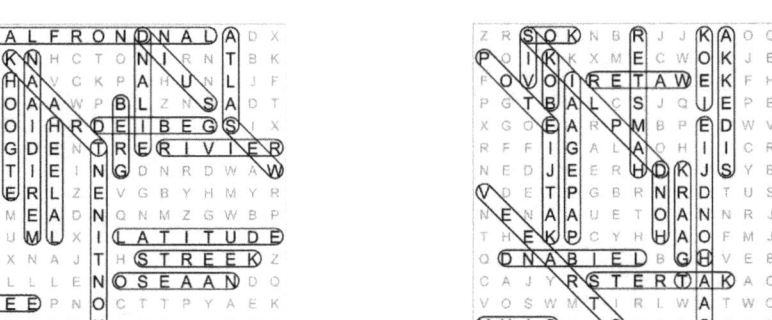

97 - Jazz

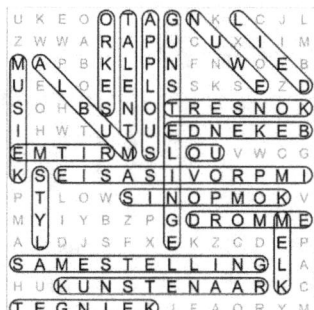

98 - Nature

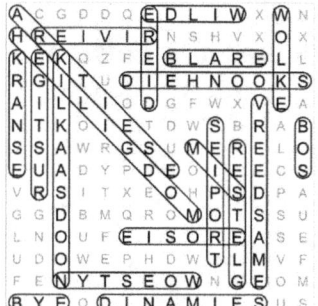

99 - Vacation #2

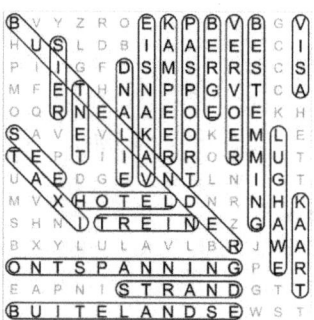

100 - Electricity

Dictionary

Activities
Aktiwiteite

Activity	Aktiwiteit
Art	Kuns
Camping	Kampeer
Ceramics	Keramiek
Crafts	Handwerk
Dancing	Dans
Fishing	Visvang
Games	Speletjies
Gardening	Tuinmaak
Hiking	Stap
Hunting	Jag
Interests	Belange
Knitting	Brei
Leisure	Ontspanning
Magic	Towerkuns
Photography	Fotografie
Pleasure	Plesier
Reading	Lees
Sewing	Naaldwerk
Skill	Vaardigheid

Activities and Leisure
Aktiwiteite en Ontspanni

Art	Kuns
Baseball	Bofbal
Basketball	Basketbal
Boxing	Boks
Camping	Kampeer
Diving	Duik
Fishing	Visvang
Gardening	Tuinmaak
Golf	Gholf
Hiking	Stap
Hobbies	Stokperdjies
Painting	Skildery
Relaxing	Ontspan
Shopping	Inkopies
Soccer	Sokker
Surfing	Navigeer
Swimming	Swem
Tennis	Tennis
Travel	Reis
Volleyball	Vlugbal

Adjectives #1
Byvoeglike Naamwoorde #1

Absolute	Absolute
Ambitious	Ambisieuse
Aromatic	Aromatiese
Artistic	Artistieke
Attractive	Aantreklik
Beautiful	Pragtige
Dark	Donker
Exotic	Eksotiese
Generous	Ruim
Happy	Gelukkig
Heavy	Swaar
Helpful	Nuttig
Honest	Eerlik
Identical	Identiese
Important	Belangrik
Modern	Moderne
Serious	Ernstig
Slow	Stadig
Thin	Dun
Valuable	Waardevolle

Adjectives #2
Byvoeglike Naamwoorde #2

Authentic	Outentieke
Creative	Kreatiewe
Descriptive	Beskrywende
Dramatic	Dramaties
Dry	Droë
Elegant	Elegant
Famous	Bekende
Gifted	Begaafde
Healthy	Gesond
Hot	Warm
Hungry	Honger
Interesting	Interessant
Natural	Natuurlike
New	Nuwe
Productive	Produktiewe
Proud	Trots
Salty	Sout
Sleepy	Slaperig
Strong	Sterk
Wild	Wilde

Adventure
Avontuur

Activity	Aktiwiteit
Beauty	Skoonheid
Bravery	Dapperheid
Challenges	Uitdagings
Chance	Kans
Dangerous	Gevaarlik
Destination	Bestemming
Difficulty	Probleme
Enthusiasm	Entoesiasme
Excursion	Uitstappie
Friends	Vriende
Itinerary	Reisplan
Joy	Vreugde
Nature	Natuur
Navigation	Navigasie
New	Nuwe
Opportunity	Geleentheid
Preparation	Voorbereiding
Safety	Veiligheid
Unusual	Ongewone

Airplanes
Vliegtuie

Adventure	Avontuur
Air	Lug
Atmosphere	Atmosfeer
Balloon	Ballon
Construction	Konstruksie
Crew	Bemanning
Descent	Afkoms
Design	Ontwerp
Direction	Rigting
Engine	Enjin
Fuel	Brandstof
Height	Hoogte
History	Geskiedenis
Hydrogen	Waterstof
Inflate	Blaas
Landing	Landing
Passenger	Passasier
Pilot	Vlieënier
Propellers	Skroewe
Turbulence	Turbulensie

Algebra
Algebra

Addition	Byvoeging
Diagram	Diagram
Division	Afdeling
Equation	Vergelyking
Exponent	Eksponent
Factor	Faktor
False	Valse
Formula	Formule
Fraction	Breuk
Graph	Grafiek
Infinite	Oneindige
Linear	Lineêre
Matrix	Matriks
Parenthesis	Hakies
Problem	Probleem
Simplify	Vereenvoudig
Solution	Oplossing
Subtraction	Aftrek
Variable	Veranderlike
Zero	Nul

Antarctica
Antarktika

Bay	Baai
Birds	Voëls
Clouds	Wolke
Conservation	Bewaring
Continent	Kontinent
Cove	Cove
Environment	Omgewing
Expedition	Ekspedisie
Geography	Aardrykskunde
Glaciers	Gletsers
Ice	Ys
Islands	Eilande
Migration	Migrasie
Peninsula	Skiereiland
Researcher	Navorser
Rocky	Rotsagtige
Scientific	Wetenskaplik
Temperature	Temperatuur
Topography	Topografie
Water	Water

Antiques
Oudhede

Art	Kuns
Auction	Veiling
Authentic	Outentieke
Century	Eeu
Coins	Munte
Decades	Dekades
Decorative	Dekoratiewe
Elegant	Elegant
Furniture	Meubels
Gallery	Galery
Investment	Belegging
Jewelry	Juweliersware
Old	Ou
Price	Prys
Quality	Gehalte
Restoration	Herstel
Sculpture	Beeldhouwerk
Style	Styl
Unusual	Ongewone
Value	Waarde

Archeology
Argeologie

Analysis	Analise
Ancient	Antieke
Antiquity	Oudheid
Bones	Bene
Civilization	Beskawing
Descendant	Afstammeling
Era	Era
Evaluation	Evaluering
Expert	Kenner
Findings	Bevindinge
Forgotten	Vergeet
Fossil	Fossiel
Mystery	Raaisel
Objects	Voorwerpe
Relic	Oorblyfsel
Researcher	Navorser
Team	Span
Temple	Tempel
Tomb	Graf
Unknown	Onbekend

Art
Kuns

Ceramic	Keramiek
Complex	Kompleks
Composition	Samestelling
Create	Skep
Expression	Uitdrukking
Figure	Figuur
Honest	Eerlik
Inspired	Geïnspireer
Mood	Bui
Original	Oorspronklike
Paintings	Skilderye
Personal	Persoonlike
Poetry	Poësie
Portray	Uitbeelding
Sculpture	Beeldhouwerk
Simple	Eenvoudige
Subject	Onderwerp
Surrealism	Surrealisme
Symbol	Simbool
Visual	Visuele

Art Supplies
Kunsbenodigdhede

Acrylic	Akriel
Brushes	Borsels
Camera	Kamera
Chair	Stoel
Charcoal	Houtskool
Clay	Klei
Colors	Kleure
Creativity	Kreatiwiteit
Easel	Esel
Eraser	Uitveër
Glue	Gom
Ideas	Idees
Ink	Ink
Oil	Olie
Paints	Verf
Paper	Papier
Pencils	Potlode
Table	Tabel
Water	Water
Watercolors	Waterverf

Astronomy
Sterrekunde

Asteroid	Asteroïde
Astronaut	Ruimtevaarder
Astronomer	Sterrekundige
Constellation	Sterrebeeld
Cosmos	Kosmos
Earth	Aarde
Eclipse	Verduistering
Equinox	Equinox
Galaxy	Sterrestelsel
Meteor	Meteoor
Moon	Maan
Nebula	Newel
Observatory	Sterrewag
Planet	Planeet
Radiation	Bestraling
Rocket	Vuurpyl
Satellite	Satelliet
Sky	Lug
Supernova	Supernova
Zodiac	Zodiac

Ballet
Ballet

Applause	Applous
Artistic	Artistieke
Audience	Gehoor
Ballerina	Ballerina
Choreography	Choreografie
Composer	Komponis
Dancers	Dansers
Expressive	Ekspressiewe
Gesture	Gebaar
Graceful	Grasieuse
Intensity	Intensiteit
Lessons	Lesse
Muscles	Spiere
Music	Musiek
Orchestra	Orkes
Practice	Oefen
Rhythm	Ritme
Skill	Vaardigheid
Style	Styl
Technique	Tegniek

Barbecues
Barbecues

Chicken	Hoender
Children	Kinders
Dinner	Aandete
Family	Familie
Food	Kos
Forks	Vurke
Friends	Vriende
Fruit	Vrugte
Games	Speletjies
Grill	Braai
Hot	Warm
Hunger	Honger
Knives	Messe
Music	Musiek
Salads	Slaaie
Salt	Sout
Sauce	Sous
Summer	Somer
Tomatoes	Tamaties
Vegetables	Groente

Beauty
Skoonheid

Charm	Sjarme
Color	Kleur
Curls	Krulle
Elegance	Elegansie
Elegant	Elegant
Fragrance	Geur
Grace	Genade
Lipstick	Lipstiffie
Makeup	Grimering
Mascara	Mascara
Mirror	Spieël
Oils	Olies
Photogenic	Fotogenies
Products	Produkte
Scent	Reuk
Scissors	Skêr
Services	Dienste
Shampoo	Sjampoe
Skin	Vel
Stylist	Stilis

Bees
Bye

Beneficial	Voordelige
Blossom	Bloeisel
Diversity	Diversiteit
Ecosystem	Ekosisteem
Flowers	Blomme
Food	Kos
Fruit	Vrugte
Garden	Tuin
Habitat	Habitat
Hive	Korf
Honey	Heuning
Insect	Insek
Plants	Plante
Pollen	Stuifmeel
Pollinator	Bestuiwer
Queen	Koningin
Smoke	Rook
Sun	Son
Swarm	Swerm
Wax	Was

Birds
Voëls

Canary	Kanarie
Chicken	Hoender
Crow	Kraai
Cuckoo	Koekoek
Duck	Eend
Eagle	Arend
Egg	Eier
Flamingo	Flamingo
Goose	Gans
Gull	Meeu
Heron	Reier
Ostrich	Volstruis
Parrot	Papegaai
Peacock	Pou
Pelican	Pelikaan
Penguin	Pikkewyn
Sparrow	Mossie
Stork	Ooievaar
Swan	Swaan
Toucan	Toekan

Boats
Bote

Anchor	Anker
Buoy	Boei
Canoe	Kano
Crew	Bemanning
Dock	Dok
Engine	Enjin
Ferry	Ferry
Kayak	Kajak
Lake	Meer
Lifeboat	Reddingsboot
Mast	Mas
Nautical	Nautische
Ocean	Oseaan
Raft	Vlot
River	Rivier
Rope	Tou
Sailboat	Seilboot
Sailor	Matroos
Sea	See
Yacht	Seiljag

Books
Boeke

Adventure	Avontuur
Author	Outeur
Collection	Versameling
Context	Konteks
Duality	Dualiteit
Epic	Epiese
Historical	Historiese
Humorous	Humoristiese
Inventive	Vindingryke
Literary	Literêre
Narrator	Verteller
Novel	Boek
Page	Bladsy
Poem	Gedig
Poetry	Poësie
Reader	Leser
Relevant	Relevant
Story	Storie
Tragic	Tragies
Written	Geskryf

Boxing
Boks

Bell	Klok
Body	Liggaam
Chin	Ken
Corner	Hoek
Elbow	Elmboog
Exhausted	Uitgeput
Fighter	Vegter
Fist	Vuis
Focus	Fokus
Gloves	Handskoene
Injuries	Beserings
Kick	Skop
Opponent	Teenstander
Points	Punte
Quick	Vinnige
Recovery	Herstel
Referee	Skeidsregter
Ropes	Toue
Skill	Vaardigheid
Strength	Sterkte

Buildings
Geboue

Apartment	Woonstel
Barn	Skuur
Cabin	Kajuit
Castle	Kasteel
Embassy	Ambassade
Factory	Fabriek
Farm	Plaas
Hospital	Hospitaal
Hostel	Koshuis
Hotel	Hotel
Laboratory	Laboratorium
Museum	Museum
Observatory	Sterrewag
School	Skool
Stadium	Stadion
Supermarket	Supermark
Tent	Tent
Theater	Teater
Tower	Toring
University	Universiteit

Business
Besigheid

Budget	Begroting
Career	Beroep
Company	Maatskappy
Cost	Koste
Currency	Geldeenheid
Discount	Afslag
Economics	Ekonomie
Employee	Werknemer
Employer	Werkgewer
Factory	Fabriek
Finance	Finansies
Income	Inkomste
Investment	Belegging
Manager	Bestuurder
Merchandise	Goedere
Money	Geld
Office	Kantoor
Sale	Verkoop
Shop	Winkel
Taxes	Belasting

Camping
Kampeer

Adventure	Avontuur
Animals	Diere
Cabin	Kajuit
Canoe	Kano
Compass	Kompas
Fire	Vuur
Forest	Bos
Fun	Pret
Hammock	Hangmat
Hat	Hoed
Hunting	Jag
Insect	Insek
Lake	Meer
Map	Kaart
Moon	Maan
Mountain	Berg
Nature	Natuur
Rope	Tou
Tent	Tent
Trees	Bome

Chemistry
Chemie

Acid	Suur
Alkaline	Alkaliese
Atomic	Atoom
Carbon	Koolstof
Catalyst	Katalisator
Chlorine	Chloor
Electron	Elektron
Enzyme	Ensiem
Gas	Gas
Heat	Hitte
Hydrogen	Waterstof
Ion	Ioon
Liquid	Vloeistof
Molecule	Molekule
Nuclear	Kern
Organic	Organiese
Oxygen	Suurstof
Salt	Sout
Temperature	Temperatuur
Weight	Gewig

Chess
Skaak

Black	Swart
Challenges	Uitdagings
Champion	Kampioen
Clever	Slim
Contest	Wedstryd
Diagonal	Diagonaal
Game	Spel
King	Koning
Opponent	Teenstander
Passive	Passiewe
Player	Speler
Points	Punte
Queen	Koningin
Rules	Reëls
Sacrifice	Offer
Strategy	Strategie
Time	Tyd
To Learn	Om te Leer
Tournament	Toernooi
White	Wit

Chocolate
Sjokolade

Antioxidant	Antioksidant
Aroma	Aroma
Artisanal	Ambagsman
Bitter	Bitter
Cacao	Kakao
Calories	Kalorieë
Candy	Lekkergoed
Caramel	Karamel
Coconut	Klapper
Craving	Drang
Delicious	Heerlike
Exotic	Eksotiese
Favorite	Gunsteling
Flavor	Geur
Ingredient	Bestanddeel
Quality	Gehalte
Recipe	Resep
Sugar	Suiker
Sweet	Soet
Taste	Smaak

Circus
Sirkus

Acrobat	Akrobaat
Animals	Diere
Balloons	Ballonne
Candy	Lekkergoed
Clown	Nar
Costume	Kostuum
Elephant	Olifant
Entertain	Vermaak
Juggler	Jongleur
Lion	Leeu
Magic	Towerkuns
Magician	Towenaar
Monkey	Aap
Music	Musiek
Parade	Parade
Show	Wys
Spectator	Toeskouer
Tent	Tent
Tiger	Tier
Trick	Truuk

Clothes
Klere

Apron	Voorskoot
Belt	Gordel
Blouse	Bloes
Bracelet	Armband
Coat	Jas
Dress	Aantrek
Fashion	Mode
Gloves	Handskoene
Hat	Hoed
Jacket	Baadjie
Jeans	Denim
Jewelry	Juweliersware
Pajamas	Pajamas
Pants	Broek
Sandals	Sandale
Scarf	Serp
Shirt	Hemp
Shoe	Skoen
Skirt	Rok
Sweater	Trui

Countries #1
Lande #1

Brazil	Brasilië
Canada	Kanada
Egypt	Egipte
Finland	Finland
Germany	Duitsland
Iraq	Irak
Israel	Israel
Italy	Italië
Latvia	Letland
Libya	Libië
Morocco	Marokko
Nicaragua	Nicaragua
Norway	Noorweë
Panama	Panama
Poland	Pole
Romania	Roemenië
Senegal	Senegal
Spain	Spanje
Venezuela	Venezuela
Vietnam	Viëtnam

Countries #2
Lande #2

Albania	Albanië
Denmark	Denemarke
Ethiopia	Ethiopië
Greece	Griekeland
Haiti	Haïti
Jamaica	Jamaika
Japan	Japan
Laos	Laos
Lebanon	Libanon
Liberia	Liberië
Mexico	Mexiko
Nepal	Nepal
Nigeria	Nigerië
Pakistan	Pakistan
Russia	Rusland
Somalia	Somalië
Sudan	Soedan
Syria	Sirië
Uganda	Uganda
Ukraine	Oekraïne

Creativity
Kreatiwiteit

Artistic	Artistieke
Authenticity	Egtheid
Changing	Verander
Clarity	Duidelikheid
Dramatic	Dramaties
Emotions	Emosies
Expression	Uitdrukking
Fluidity	Vloeibaarheid
Ideas	Idees
Image	Beeld
Imagination	Verbeelding
Inspiration	Inspirasie
Intensity	Intensiteit
Intuition	Intuïsie
Inventive	Vindingryke
Sensation	Sensasie
Skill	Vaardigheid
Spontaneous	Spontane
Visions	Visioene
Vitality	Vitaliteit

Dance
Dans

Academy	Akademie
Art	Kuns
Body	Liggaam
Choreography	Choreografie
Classical	Klassieke
Cultural	Kulturele
Culture	Kultuur
Emotion	Emosie
Expressive	Ekspressiewe
Grace	Genade
Joyful	Vreugdevol
Jump	Spring
Movement	Beweging
Music	Musiek
Partner	Vennoot
Posture	Postuur
Rehearsal	Repetisie
Rhythm	Ritme
Traditional	Tradisioneel
Visual	Visuele

Days and Months
Dae en Maande

April	April
August	Augustus
Calendar	Kalender
February	Februarie
Friday	Vrydag
January	Januarie
July	Julie
March	Maart
Monday	Maandag
Month	Maand
November	November
October	Oktober
Saturday	Saterdag
September	September
Sunday	Sondag
Thursday	Donderdag
Tuesday	Dinsdag
Wednesday	Woensdag
Week	Week
Year	Jaar

Diplomacy
Diplomasie

Adviser	Adviseur
Ambassador	Ambassadeur
Citizens	Burgers
Civic	Burger
Community	Gemeenskap
Conflict	Konflik
Cooperation	Samewerking
Diplomatic	Diplomatieke
Discussion	Bespreking
Embassy	Ambassade
Ethics	Etiek
Government	Regering
Humanitarian	Humanitêre
Integrity	Integriteit
Justice	Geregtigheid
Politics	Politiek
Resolution	Resolusie
Security	Sekuriteit
Solution	Oplossing
Treaty	Verdrag

Driving
Bestuur

Accident	Ongeluk
Brakes	Remme
Car	Motor
Danger	Gevaar
Driver	Bestuurder
Fuel	Brandstof
Garage	Garage
Gas	Gas
License	Lisensie
Map	Kaart
Motorcycle	Motorfiets
Pedestrian	Voetganger
Police	Polisie
Road	Pad
Safety	Veiligheid
Speed	Spoed
Street	Straat
Traffic	Verkeer
Truck	Vragmotor
Tunnel	Tonnel

Ecology
Ekologie

Climate	Klimaat
Communities	Gemeenskappe
Diversity	Diversiteit
Drought	Droogte
Fauna	Fauna
Flora	Flora
Global	Globale
Habitat	Habitat
Marine	Mariene
Marsh	Marsh
Mountains	Berge
Natural	Natuurlike
Nature	Natuur
Plants	Plante
Resources	Hulpbronne
Species	Spesies
Survival	Oorlewing
Sustainable	Volhoubare
Vegetation	Plantegroei
Volunteers	Vrywilligers

Electricity
Elektrisiteit

Battery	Battery
Bulb	Gloeilamp
Cable	Kabel
Electric	Elektriese
Electrician	Elektrisiën
Equipment	Toerusting
Generator	Generator
Lamp	Lamp
Laser	Laser
Magnet	Magneet
Negative	Negatief
Network	Netwerk
Objects	Voorwerpe
Positive	Positief
Quantity	Hoeveelheid
Socket	Sok
Storage	Stoor
Telephone	Telefoon
Television	Televisie
Wires	Drade

Emotions
Emosies

Anger	Woede
Bliss	Bliss
Boredom	Verveling
Calm	Kalm
Content	Inhoud
Embarrassed	Verleë
Excited	Opgewonde
Fear	Vrees
Grateful	Dankbaar
Joy	Vreugde
Love	Liefde
Peace	Vrede
Relaxed	Ontspanne
Relief	Verligting
Sadness	Hartseer
Satisfied	Tevrede
Surprise	Verras
Sympathy	Simpatie
Tenderness	Teerheid
Tranquility	Rustigheid

Energy
Energie

Battery	Battery
Carbon	Koolstof
Diesel	Diesel
Electric	Elektriese
Electron	Elektron
Engine	Enjin
Entropy	Entropie
Environment	Omgewing
Fuel	Brandstof
Gasoline	Petrol
Heat	Hitte
Hydrogen	Waterstof
Industry	Bedryf
Motor	Motor
Nuclear	Kern
Photon	Foton
Pollution	Besoedeling
Renewable	Hernubare
Turbine	Turbine
Wind	Wind

Engineering
Ingenieurswese

Angle	Hoek
Axis	As
Calculation	Berekening
Construction	Konstruksie
Depth	Diepte
Diagram	Diagram
Diameter	Deursnee
Diesel	Diesel
Distribution	Verspreiding
Energy	Energie
Engine	Enjin
Gears	Ratte
Levers	Hefbome
Liquid	Vloeistof
Machine	Masjien
Measurement	Meting
Motor	Motor
Propulsion	Aandrywing
Stability	Stabiliteit
Structure	Struktuur

Exploration
Eksplorasie

Activity	Aktiwiteit
Animals	Diere
Courage	Moed
Cultures	Kulture
Determination	Bepaling
Discovery	Ontdekking
Distant	Verre
Excitement	Opwinding
Exhaustion	Uitputting
Hazards	Gevare
Language	Taal
New	Nuwe
Perilous	Gevaarlik
Quest	Soeke
Space	Ruimte
Terrain	Terrein
To Learn	Om te Leer
Travel	Reis
Unknown	Onbekend
Wild	Wilde

Family
Familie

Ancestor	Voorouer
Aunt	Tannie
Brother	Broer
Child	Kind
Childhood	Kinderjare
Children	Kinders
Daughter	Dogter
Father	Vader
Grandchild	Kleinkind
Grandfather	Oupa
Grandson	Kleinseun
Husband	Man
Maternal	Moeder
Mother	Ma
Nephew	Neef
Niece	Niggie
Paternal	Vaderlike
Sister	Suster
Uncle	Oom
Wife	Vrou

Farm #1
Plaas #1

Agriculture	Landbou
Bee	Bye
Bison	Bison
Calf	Kalf
Cat	Kat
Chicken	Hoender
Cow	Koei
Crow	Kraai
Dog	Hond
Donkey	Donkie
Fence	Heining
Fertilizer	Kunsmis
Field	Veld
Goat	Bok
Hay	Hooi
Honey	Heuning
Horse	Perd
Rice	Rys
Seeds	Sade
Water	Water

Farm #2
Plaas #2

Animals	Diere
Barley	Gars
Barn	Skuur
Beehive	Byekorf
Duck	Eend
Farmer	Boer
Food	Kos
Fruit	Vrugte
Irrigation	Besproeiing
Lamb	Lam
Llama	Llama
Meadow	Weide
Milk	Melk
Orchard	Boord
Ripe	Ryp
Sheep	Skape
Shepherd	Herder
Tractor	Trekker
Vegetable	Groente
Wheat	Koring

Fishing
Visvang

Bait	Aas
Basket	Mandjie
Beach	Strand
Boat	Boot
Cook	Kook
Equipment	Toerusting
Exaggeration	Oordrywing
Fins	Vinne
Gills	Kiewe
Hook	Haak
Jaw	Kakebeen
Lake	Meer
Ocean	Oseaan
Patience	Geduld
River	Rivier
Scales	Skale
Season	Seisoen
Water	Water
Weight	Gewig
Wire	Draad

Flowers
Blomme

Bouquet	Boeket
Calendula	Calendula
Clover	Klawer
Daisy	Madeliefie
Dandelion	Paardebloem
Gardenia	Gardenia
Hibiscus	Hibiskus
Jasmine	Jasmyn
Lavender	Laventel
Lilac	Lila
Lily	Lelie
Magnolia	Magnolia
Orchid	Orgidee
Passionflower	Passieblom
Peony	Pioen
Petal	Blomblare
Plumeria	Plumeria
Poppy	Papawer
Sunflower	Sonneblom
Tulip	Tulp

Food #1
Voedsel - #1

Apricot	Appelkoos
Barley	Gars
Basil	Basiliekruid
Carrot	Wortel
Cinnamon	Kaneel
Garlic	Knoffel
Juice	Sap
Lemon	Suurlemoen
Milk	Melk
Onion	Ui
Pear	Peer
Salad	Slaai
Salt	Sout
Soup	Sop
Spinach	Spinasie
Strawberry	Aarbei
Sugar	Suiker
Tofu	Tofu
Tuna	Tuna
Turnip	Raap

Food #2
Voedsel - #2

Apple	Appel
Artichoke	Artisjok
Banana	Piesang
Broccoli	Broccoli
Celery	Seldery
Cheese	Kaas
Cherry	Kersie
Chicken	Hoender
Chocolate	Sjokolade
Egg	Eier
Eggplant	Eiervrug
Fish	Vis
Grape	Druiwe
Ham	Ham
Kiwi	Kiwi
Mushroom	Sampioen
Rice	Rys
Tomato	Tamatie
Wheat	Koring
Yogurt	Jogurt

Force and Gravity
Krag en die Swaartekrag

Axis	As
Center	Sentrum
Discovery	Ontdekking
Distance	Afstand
Dynamic	Dinamies
Expansion	Uitbreiding
Friction	Wrywing
Impact	Impak
Magnetism	Magnetisme
Mechanics	Meganika
Momentum	Momentum
Motion	Beweging
Orbit	Wentelbaan
Physics	Fisika
Pressure	Druk
Properties	Eienskappe
Speed	Spoed
Time	Tyd
Universal	Universele
Weight	Gewig

Fruit
Vrugte

Apple	Appel
Apricot	Appelkoos
Avocado	Avokado
Banana	Piesang
Berry	Bessie
Cherry	Kersie
Coconut	Klapper
Grape	Druiwe
Guava	Koejawel
Kiwi	Kiwi
Lemon	Suurlemoen
Mango	Mango
Melon	Spanspek
Nectarine	Nektarien
Orange	Oranje
Papaya	Papaja
Peach	Perske
Pear	Peer
Pineapple	Pynappel
Raspberry	Framboos

Garden
Tuin

Bench	Bank
Bush	Bos
Fence	Heining
Flower	Blom
Garage	Garage
Garden	Tuin
Grass	Gras
Hammock	Hangmat
Hose	Slang
Lawn	Grasperk
Orchard	Boord
Pond	Dam
Porch	Stoep
Rake	Hark
Rocks	Rotse
Shovel	Graaf
Terrace	Terras
Trampoline	Trampolien
Tree	Boom
Weeds	Onkruid

Gardening
Tuinmaak

Blossom	Bloeisel
Botanical	Botaniese
Bouquet	Boeket
Climate	Klimaat
Compost	Kompos
Container	Houer
Dirt	Vuil
Edible	Eetbare
Exotic	Eksotiese
Floral	Blomme
Foliage	Blare
Hose	Slang
Leaf	Blad
Moisture	Vog
Orchard	Boord
Seasonal	Seisoenale
Seeds	Sade
Soil	Grond
Species	Spesies
Water	Water

Geography
Aardrykskunde

Altitude	Hoogte
Atlas	Atlas
City	Stad
Continent	Kontinent
Country	Land
Hemisphere	Halfrond
Island	Eiland
Latitude	Latitude
Map	Kaart
Meridian	Meridiaan
Mountain	Berg
North	Noord
Ocean	Oseaan
Region	Streek
River	Rivier
Sea	See
South	Suid
Territory	Gebied
West	Wes
World	Heelal

Geology
Geologie

Acid	Suur
Calcium	Kalsium
Cavern	Grot
Continent	Kontinent
Coral	Koraal
Crystals	Kristalle
Cycles	Siklusse
Earthquake	Aardbewing
Erosion	Erosie
Fossil	Fossiel
Geyser	Geyser
Lava	Lava
Layer	Laag
Minerals	Minerale
Plateau	Plato
Quartz	Kwarts
Salt	Sout
Stalactite	Stalaktiet
Stone	Klip
Volcano	Vulkaan

Geometry
Meetkunde

Angle	Hoek
Calculation	Berekening
Circle	Sirkel
Curve	Kurwe
Diameter	Deursnee
Dimension	Dimensie
Equation	Vergelyking
Height	Hoogte
Horizontal	Horisontale
Logic	Logika
Mass	Massa
Median	Mediaan
Parallel	Parallel
Proportion	Verhouding
Segment	Segment
Surface	Oppervlak
Symmetry	Simmetrie
Theory	Teorie
Triangle	Driehoek
Vertical	Vertikale

Government
Die Regering

Citizenship	Burgerskap
Civil	Siviele
Constitution	Grondwet
Democracy	Demokrasie
Discussion	Bespreking
District	Distrik
Equality	Gelykheid
Judicial	Geregtelike
Justice	Geregtigheid
Law	Wet
Leader	Leier
Liberty	Vryheid
Monument	Monument
Nation	Nasie
National	Nasionaal
Peaceful	Vreedsame
Politics	Politiek
Speech	Spraak
State	Staat
Symbol	Simbool

Hair Types
Hare Tipes

Bald	Kaal
Black	Swart
Blond	Blond
Braided	Gevleg
Braids	Vlegsels
Brown	Bruin
Colored	Gekleurde
Curls	Krulle
Curly	Krullerige
Dry	Droë
Gray	Grys
Healthy	Gesond
Long	Lank
Shiny	Blink
Short	Kort
Soft	Sagte
Thick	Dik
Thin	Dun
Wavy	Golwende
White	Wit

Health and Wellness #1
Gesondheid en Welstand #1

Active	Aktiewe
Bacteria	Bakterieë
Bones	Bene
Clinic	Kliniek
Doctor	Dokter
Fracture	Breuk
Habit	Gewoonte
Height	Hoogte
Hormones	Hormone
Hunger	Honger
Medicine	Medisyne
Muscles	Spiere
Nerves	Senuwees
Pharmacy	Apteek
Reflex	Refleks
Relaxation	Ontspanning
Skin	Vel
Therapy	Terapie
Treatment	Behandeling
Virus	Virus

Health and Wellness #2
Gesondheid en Welstand #2

Allergy	Allergie
Anatomy	Anatomie
Appetite	Eetlus
Blood	Bloed
Calorie	Kalorie
Dehydration	Dehidrasie
Diet	Dieet
Disease	Siekte
Energy	Energie
Genetics	Genetika
Healthy	Gesond
Hospital	Hospitaal
Hygiene	Higiëne
Infection	Infeksie
Massage	Masseer
Nutrition	Voeding
Recovery	Herstel
Stress	Stres
Vitamin	Vitamien
Weight	Gewig

Herbalism
Kruiemedisyne

Aromatic	Aromatiese
Basil	Basiliekruid
Beneficial	Voordelige
Culinary	Kulinêre
Fennel	Vinkel
Flavor	Geur
Flower	Blom
Garden	Tuin
Garlic	Knoffel
Green	Groen
Ingredient	Bestanddeel
Lavender	Laventel
Marjoram	Marjolein
Mint	Kruisement
Oregano	Oregano
Parsley	Pietersielie
Plant	Plant
Rosemary	Roosmaryn
Saffron	Saffraan
Tarragon	Dragon

Hiking
Stap

Animals	Diere
Boots	Stewels
Camping	Kampeer
Cliff	Krans
Climate	Klimaat
Guides	Gidse
Hazards	Gevare
Heavy	Swaar
Map	Kaart
Mountain	Berg
Nature	Natuur
Orientation	Oriëntasie
Parks	Parke
Preparation	Voorbereiding
Stones	Klippe
Summit	Beraad
Sun	Son
Tired	Moeg
Water	Water
Wild	Wilde

House
Huis

Attic	Solder
Broom	Besem
Curtains	Gordyne
Door	Deur
Fence	Heining
Fireplace	Kaggel
Floor	Vloer
Furniture	Meubels
Garage	Garage
Garden	Tuin
Keys	Sleutels
Kitchen	Kombuis
Lamp	Lamp
Library	Biblioteek
Mirror	Spieël
Roof	Dak
Room	Kamer
Shower	Stort
Wall	Muur
Window	Venster

Human Body
Die Menslike Liggaam

Ankle	Enkel
Blood	Bloed
Bones	Bene
Brain	Brein
Chin	Ken
Ear	Oor
Elbow	Elmboog
Face	Gesig
Finger	Vinger
Hand	Hand
Head	Kop
Heart	Hart
Jaw	Kakebeen
Knee	Knie
Leg	Been
Mouth	Mond
Neck	Nek
Nose	Neus
Shoulder	Skouer
Skin	Vel

Jazz
Jazz

Album	Album
Applause	Applous
Artist	Kunstenaar
Composer	Komponis
Composition	Samestelling
Concert	Konsert
Drums	Dromme
Emphasis	Klem
Famous	Bekende
Favorites	Gunstelinge
Improvisation	Improvisasie
Music	Musiek
New	Nuwe
Old	Ou
Orchestra	Orkes
Rhythm	Ritme
Song	Lied
Style	Styl
Talent	Talent
Technique	Tegniek

Kitchen
Kombuis

Apron	Voorskoot
Bowl	Bak
Chopsticks	Eetstokkies
Cups	Koppies
Food	Kos
Forks	Vurke
Freezer	Vrieskas
Grill	Braai
Jar	Pot
Jug	Beker
Kettle	Ketel
Knives	Messe
Ladle	Skeplepel
Napkin	Servet
Oven	Oond
Recipe	Resep
Refrigerator	Yskas
Spices	Speserye
Sponge	Spons
Spoons	Lepels

Landscapes
Landskappe

Beach	Strand
Cave	Grot
Desert	Woestyn
Geyser	Geyser
Glacier	Gletser
Hill	Heuwel
Iceberg	Ysberg
Island	Eiland
Lake	Meer
Mountain	Berg
Oasis	Oase
Ocean	Oseaan
Peninsula	Skiereiland
River	Rivier
Sea	See
Swamp	Moeras
Tundra	Toendra
Valley	Vallei
Volcano	Vulkaan
Waterfall	Waterval

Literature
Letterkunde

Analogy	Analogie
Analysis	Analise
Anecdote	Anekdote
Author	Outeur
Biography	Biografie
Comparison	Vergelyking
Description	Beskrywing
Dialogue	Dialoog
Fiction	Fiksie
Metaphor	Metafoor
Narrator	Verteller
Novel	Boek
Opinion	Opinie
Poem	Gedig
Poetic	Poëtiese
Rhyme	Rym
Rhythm	Ritme
Style	Styl
Theme	Tema
Tragedy	Tragedie

Mammals
Soogdiere

Bear	Beer
Beaver	Bewer
Bull	Bul
Cat	Kat
Coyote	Coyote
Dog	Hond
Dolphin	Dolfyn
Elephant	Olifant
Fox	Jakkals
Giraffe	Kameelperd
Gorilla	Gorilla
Horse	Perd
Kangaroo	Kangaroe
Lion	Leeu
Monkey	Aap
Rabbit	Haas
Sheep	Skape
Whale	Walvis
Wolf	Wolf
Zebra	Sebra

Math
Wiskunde

Angles	Hoeke
Arithmetic	Rekenkunde
Decimal	Desimale
Diameter	Deursnee
Division	Afdeling
Equation	Vergelyking
Exponent	Eksponent
Fraction	Breuk
Geometry	Meetkunde
Numbers	Getalle
Parallel	Parallel
Parallelogram	Parallelogram
Perimeter	Omtrek
Polygon	Veelhoek
Radius	Radius
Rectangle	Reghoek
Square	Vierkante
Symmetry	Simmetrie
Triangle	Driehoek
Volume	Volume

Measurements
Metings

Byte	Byte
Centimeter	Sentimeter
Decimal	Desimale
Degree	Graad
Depth	Diepte
Gram	Gram
Height	Hoogte
Inch	Duim
Kilogram	Kilogram
Kilometer	Kilometer
Length	Lengte
Liter	Liter
Mass	Massa
Meter	Meter
Minute	Minuut
Ounce	Ons
Ton	Ton
Volume	Volume
Weight	Gewig
Width	Breedte

Meditation
Meditasie

Acceptance	Aanvaarding
Attention	Aandag
Awake	Wakker
Breathing	Asemhaling
Calm	Kalm
Clarity	Duidelikheid
Compassion	Deernis
Emotions	Emosies
Gratitude	Dankbaarheid
Habits	Gewoontes
Mental	Geestelike
Mind	Gedagte
Movement	Beweging
Music	Musiek
Nature	Natuur
Peace	Vrede
Perspective	Perspektief
Silence	Stilte
Thoughts	Gedagtes
To Learn	Om te Leer

Music
Musiek

Album	Album
Ballad	Ballade
Chorus	Koor
Classical	Klassieke
Eclectic	Eklektiese
Harmonic	Harmoniese
Harmony	Harmonie
Lyrical	Liriese
Melody	Melodie
Microphone	Mikrofoon
Musical	Musikale
Musician	Musikant
Opera	Opera
Poetic	Poëtiese
Recording	Opname
Rhythm	Ritme
Rhythmic	Ritmiese
Sing	Sing
Singer	Sanger
Vocal	Vokale

Musical Instruments
Musikale Instrumente

Banjo	Banjo
Bassoon	Fagot
Cello	Tjello
Clarinet	Klarinet
Drum	Drom
Flute	Fluit
Gong	Gong
Guitar	Kitaar
Harmonica	Harmonica
Harp	Harp
Mandolin	Mandolien
Marimba	Marimba
Oboe	Hobo
Percussion	Perkussie
Piano	Klavier
Saxophone	Saksofoon
Tambourine	Tamboeryn
Trombone	Trombone
Trumpet	Basuin
Violin	Viool

Mythology
Mitologie

Archetype	Argetipe
Behavior	Gedrag
Beliefs	Oortuigings
Creation	Skepping
Creature	Skepsel
Culture	Kultuur
Deities	Gode
Disaster	Ramp
Hero	Held
Heroine	Heldin
Jealousy	Jaloesie
Labyrinth	Labirint
Legend	Legende
Lightning	Weerlig
Monster	Monster
Mortal	Sterflike
Revenge	Wraak
Strength	Sterkte
Thunder	Donderweer
Warrior	Kryger

Nature
Die Natuur

Animals	Diere
Arctic	Arktiese
Beauty	Skoonheid
Bees	Bye
Cliffs	Kranse
Clouds	Wolke
Desert	Woestyn
Dynamic	Dinamies
Erosion	Erosie
Fog	Mis
Foliage	Blare
Forest	Bos
Glacier	Gletser
Peaceful	Vreedsame
River	Rivier
Sanctuary	Heiligdom
Serene	Rustige
Tropical	Tropies
Vital	Noodsaaklik
Wild	Wilde

Numbers
Ncmmers

Decimal	Desimale
Eight	Agt
Eighteen	Agtien
Fifteen	Vyftien
Five	Vyf
Four	Vier
Fourteen	Veertien
Nine	Nege
Nineteen	Negentien
One	Een
Seven	Sewe
Seventeen	Sewentien
Six	Ses
Sixteen	Sestien
Ten	Tien
Thirteen	Dertien
Three	Drie
Twelve	Twaalf
Twenty	Twintig
Two	Twee

Nutrition
Voeding

Appetite	Eetlus
Balanced	Gebalanseerde
Bitter	Bitter
Calories	Kalorieë
Carbohydrates	Koolhidrate
Diet	Dieet
Digestion	Vertering
Edible	Eetbare
Fermentation	Fermentasie
Flavor	Geur
Habits	Gewoontes
Health	Gesondheid
Healthy	Gesond
Nutrient	Voedingstof
Proteins	Proteïene
Quality	Gehalte
Sauce	Sous
Toxin	Gifstof
Vitamin	Vitamien
Weight	Gewig

Ocean
Oseaan

Algae	Alge
Coral	Koraal
Crab	Krap
Dolphin	Dolfyn
Eel	Paling
Fish	Vis
Jellyfish	Jellievis
Octopus	Seekat
Oyster	Oester
Reef	Rif
Salt	Sout
Seaweed	Seewier
Shark	Haai
Shrimp	Garnale
Sponge	Spons
Storm	Storm
Tides	Getye
Tuna	Tuna
Turtle	Skilpad
Whale	Walvis

Pets
Troeteldiere

Cat	Kat
Collar	Kraag
Cow	Koei
Dog	Hond
Fish	Vis
Food	Kos
Goat	Bok
Hamster	Hamster
Kitten	Katjie
Leash	Leiband
Lizard	Akkedis
Mouse	Muis
Parrot	Papegaai
Paws	Pote
Puppy	Hondjie
Rabbit	Haas
Tail	Stert
Turtle	Skilpad
Veterinarian	Veearts
Water	Water

Philanthropy
Filantropie

Challenges	Uitdagings
Charity	Liefdadigheid
Children	Kinders
Community	Gemeenskap
Contacts	Kontakte
Donate	Skenk
Finance	Finansies
Funds	Fondse
Generosity	Vrygewigheid
Goals	Doelwitte
Groups	Groepe
History	Geskiedenis
Honesty	Eerlikheid
Humanity	Mensdom
Mission	Missie
Need	Behoefte
People	Mense
Programs	Programme
Public	Openbare
Youth	Jeug

Physics
Fisika

Acceleration	Versnelling
Atom	Atoom
Chaos	Chaos
Chemical	Chemiese
Density	Digtheid
Electron	Elektron
Engine	Enjin
Formula	Formule
Frequency	Frekwensie
Gas	Gas
Magnetism	Magnetisme
Mass	Massa
Mechanics	Meganika
Molecule	Molekule
Nuclear	Kern
Particle	Deeltjie
Relativity	Relatiwiteit
Speed	Spoed
Universal	Universele
Velocity	Snelheid

Plants
Plante

Bamboo	Bamboes
Bean	Boontjie
Berry	Bessie
Blossom	Bloeisel
Botany	Plantkunde
Cactus	Kaktus
Fertilizer	Kunsmis
Flora	Flora
Flower	Blom
Foliage	Blare
Forest	Bos
Garden	Tuin
Grass	Gras
Ivy	Klimop
Moss	Mos
Petal	Blomblare
Root	Wortel
Stem	Stam
Tree	Boom
Vegetation	Plantegroei

Professions #1
Beroepe #1

Ambassador	Ambassadeur
Astronomer	Sterrekundige
Attorney	Prokureur
Banker	Bankier
Cartographer	Kartograaf
Coach	Afrigter
Dancer	Danser
Doctor	Dokter
Editor	Redakteur
Geologist	Geoloog
Hunter	Jagter
Jeweler	Juwelier
Musician	Musikant
Nurse	Verpleegster
Pianist	Pianis
Plumber	Loodgieter
Psychologist	Sielkundige
Sailor	Matroos
Tailor	Maat
Veterinarian	Veearts

Professions #2
Beroepe #2

Astronaut	Ruimtevaarder
Biologist	Bioloog
Dentist	Tandarts
Detective	Speurder
Engineer	Ingenieur
Farmer	Boer
Gardener	Tuinier
Illustrator	Illustreerder
Inventor	Uitvinder
Journalist	Joernalis
Librarian	Bibliotekaris
Linguist	Taalkundige
Painter	Skilder
Philosopher	Filosoof
Photographer	Fotograaf
Physician	Geneesheer
Pilot	Vlieënier
Surgeon	Chirurg
Teacher	Onderwyser
Zoologist	Dierkundige

Psychology
Sielkunde

Appointment	Aanstelling
Assessment	Aanslag
Behavior	Gedrag
Childhood	Kinderjare
Clinical	Kliniese
Cognition	Kognisie
Conflict	Konflik
Dreams	Drome
Ego	Ego
Emotions	Emosies
Experiences	Ervarings
Ideas	Idees
Perception	Persepsie
Problem	Probleem
Reality	Werklikheid
Sensation	Sensasie
Subconscious	Onderbewussyn
Therapy	Terapie
Thoughts	Gedagtes
Unconscious	Bewusteloos

Restaurant #2
Restaurant #2

Beverage	Drank
Cake	Koek
Chair	Stoel
Delicious	Heerlike
Dinner	Aandete
Eggs	Eiers
Fish	Vis
Fork	Vurk
Fruit	Vrugte
Ice	Ys
Lunch	Middagete
Noodles	Noedels
Salad	Slaai
Salt	Sout
Soup	Sop
Spices	Speserye
Spoon	Lepel
Vegetables	Groente
Waiter	Kelner
Water	Water

Science
Wetenskap

Atom	Atoom
Chemical	Chemiese
Climate	Klimaat
Data	Data
Evolution	Evolusie
Experiment	Eksperiment
Fact	Feit
Fossil	Fossiel
Gravity	Swaartekrag
Hypothesis	Hipotese
Laboratory	Laboratorium
Method	Metode
Minerals	Minerale
Molecules	Molekules
Nature	Natuur
Organism	Organisme
Particles	Deeltjies
Physics	Fisika
Plants	Plante
Scientist	Wetenskaplike

Science Fiction
Wetenskap Fiksie

Atomic	Atoom
Books	Boeke
Chemicals	Chemikalieë
Cinema	Teater
Dystopia	Distopie
Explosion	Ontploffing
Extreme	Uiterste
Fantastic	Fantasties
Fire	Vuur
Futuristic	Futuristies
Galaxy	Sterrestelsel
Illusion	Illusie
Imaginary	Denkbeeldige
Mysterious	Geheimsinnige
Oracle	Orakel
Planet	Planeet
Robots	Robotte
Technology	Tegnologie
Utopia	Utopie
World	Heelal

Scientific Disciplines
Wetenskaplike Dissiplines

Anatomy	Anatomie
Archaeology	Argeologie
Astronomy	Sterrekunde
Biochemistry	Biochemie
Biology	Biologie
Botany	Plantkunde
Chemistry	Chemie
Ecology	Ekologie
Geology	Geologie
Immunology	Immunologie
Kinesiology	Kinesiologie
Linguistics	Taalkunde
Mechanics	Meganika
Mineralogy	Mineralogie
Neurology	Neurologie
Physiology	Fisiologie
Psychology	Sielkunde
Sociology	Sosiologie
Thermodynamics	Termodinamika
Zoology	Dierkunde

Shapes
Vorms

Arc	Lnr
Circle	Sirkel
Cone	Keël
Corner	Hoek
Cube	Kubus
Curve	Kurwe
Cylinder	Silinder
Edges	Kante
Ellipse	Ellips
Hyperbola	Hiperbool
Line	Lyn
Oval	Ovaal
Polygon	Veelhoek
Prism	Prisma
Pyramid	Piramide
Rectangle	Reghoek
Side	Kant
Sphere	Sfeer
Square	Vierkante
Triangle	Driehoek

Spices
Speserye

Anise	Anys
Bitter	Bitter
Cardamom	Kardemom
Cinnamon	Kaneel
Clove	Naeltjie
Coriander	Koljander
Cumin	Komyn
Curry	Kerrie
Fennel	Vinkel
Fenugreek	Fenegriek
Flavor	Geur
Garlic	Knoffel
Ginger	Gemmer
Nutmeg	Neutmuskaat
Onion	Ui
Paprika	Paprika
Saffron	Saffraan
Salt	Sout
Sweet	Soet
Vanilla	Vanielje

Sport
Sport

Ability	Vermoë
Athlete	Atleet
Body	Liggaam
Bones	Bene
Coach	Afrigter
Cycling	Fietsry
Dancing	Dans
Diet	Dieet
Endurance	Uithouvermoë
Goal	Doel
Health	Gesondheid
Jogging	Draf
Maximize	Maksimeer
Metabolic	Metaboliese
Muscles	Spiere
Nutrition	Voeding
Program	Program
Sports	Sport
Strength	Sterkte
Stretching	Strek

The Company
Die Maatskappy

Business	Besigheid
Creative	Kreatiewe
Decision	Besluit
Employment	Indiensneming
Global	Globale
Industry	Bedryf
Innovative	Innoverende
Investment	Belegging
Possibility	Moontlikheid
Presentation	Aanbieding
Product	Produk
Professional	Professionele
Progress	Vordering
Quality	Gehalte
Reputation	Reputasie
Resources	Hulpbronne
Revenue	Inkomste
Risks	Risiko'S
Trends	Tendense
Units	Eenhede

The Media
Die Media

Advertisements	Advertensies
Attitudes	Houdings
Commercial	Kommersiële
Communication	Kommunikasie
Digital	Digitale
Edition	Uitgawe
Education	Onderwys
Facts	Feite
Funding	Befondsing
Images	Beelde
Individual	Individuele
Industry	Bedryf
Intellectual	Intellektuele
Local	Plaaslike
Network	Netwerk
Newspapers	Koerante
Online	Aanlyn
Opinion	Opinie
Public	Openbare
Radio	Radio

Time
Tyd

Annual	Jaarlikse
Before	Voor
Calendar	Kalender
Century	Eeu
Clock	Klok
Day	Dag
Decade	Dekade
Early	Vroeg
Future	Toekoms
Hour	Uur
Minute	Minuut
Month	Maand
Morning	Oggend
Night	Nag
Noon	Middag
Now	Nou
Soon	Gou
Today	Vandag
Week	Week
Year	Jaar

Town
Die Dorp

Airport	Lughawe
Bakery	Bakkery
Bank	Bank
Bookstore	Boekwinkel
Clinic	Kliniek
Florist	Bloemiste
Gallery	Galery
Hotel	Hotel
Library	Biblioteek
Market	Mark
Museum	Museum
Pharmacy	Apteek
Restaurant	Restaurant
School	Skool
Stadium	Stadion
Store	Winkel
Supermarket	Supermark
Theater	Teater
University	Universiteit
Zoo	Dieretuin

Universe
Heelal

Asteroid	Asteroïde
Astronomer	Sterrekundige
Astronomy	Sterrekunde
Atmosphere	Atmosfeer
Celestial	Hemelse
Cosmic	Kosmiese
Darkness	Duisternis
Eon	Eon
Galaxy	Sterrestelsel
Hemisphere	Halfrond
Horizon	Horison
Latitude	Latitude
Moon	Maan
Orbit	Wentelbaan
Sky	Lug
Solar	Sonkrag
Solstice	Solstice
Telescope	Teleskoop
Visible	Sigbaar
Zodiac	Zodiac

Vacation #2
Vakansie #2

Airport	Lughawe
Beach	Strand
Camping	Kampeer
Destination	Bestemming
Foreign	Buitelandse
Foreigner	Buitelander
Holiday	Vakansie
Hotel	Hotel
Island	Eiland
Journey	Reis
Leisure	Ontspanning
Map	Kaart
Mountains	Berge
Passport	Paspoort
Sea	See
Taxi	Taxi
Tent	Tent
Train	Trein
Transportation	Vervoer
Visa	Visa

Vegetables
Groente

Artichoke	Artisjok
Broccoli	Broccoli
Carrot	Wortel
Cauliflower	Blomkool
Celery	Seldery
Cucumber	Komkommer
Eggplant	Eiervrug
Garlic	Knoffel
Ginger	Gemmer
Mushroom	Sampioen
Onion	Ui
Parsley	Pietersielie
Pea	Ertjie
Pumpkin	Pampoen
Radish	Radys
Salad	Slaai
Shallot	Salot
Spinach	Spinasie
Tomato	Tamatie
Turnip	Raap

Congratulations

You made it!

We hope you enjoyed this book as much as we enjoyed making it. We do our best to make high quality games.

These puzzles are designed in a clever way to actively spark the brain and make it sharp and quick!
Did you love them?

A Simple Request

Our books exist thanks to the reviews you post on Amazon. Could you help us by leaving a review now?

Here is a short link which will take you to your Amazon orders review page.

BestBooksActivity.com/Review50

MONSTER CHALLENGE!

Challenge #1

Ready for Your Bonus Game? We use them all the time but they are not so easy to find. Here are **Synonyms**!

Note 5 words you discovered in each of the Puzzles noted below (#21, #36, #76) and try to find 2 synonyms for each word.

Note 5 Words from *Puzzle 21*

Words	Synonym 1	Synonym 2

Note 5 Words from *Puzzle 36*

Words	Synonym 1	Synonym 2

Note 5 Words from *Puzzle 76*

Words	Synonym 1	Synonym 2

Challenge #2

Now that you are warmed-up, note 5 words you discovered in each Puzzle
noted below (#9, #17, #25) and try to find 2 antonyms for each word.
How many lines can you do in 20 minutes?

Note 5 Words from *Puzzle 9*

Words	Antonym 1	Antonym 2

Note 5 Words from *Puzzle 17*

Words	Antonym 1	Antonym 2

Note 5 Words from *Puzzle 25*

Words	Antonym 1	Antonym 2

Challenge #3

Wonderful, this monster challenge is nothing to you!

Ready for the last one? Choose your 10 favorite words discovered in any of the Puzzles and note them below.

1.	6.
2.	7.
3.	8.
4.	9.
5.	10.

Now, using these words and within a maximum of six sentences, your challenge is to compose a text about a person, animal or place that you love!

Tip: You can use the last blank page of this book as a draft!

Your Writing:

Explore a Unique Store
Set Up **FOR YOU!**

BestActivityBooks.com/**TheStore**

Designed for **Entertainment**!

Light Up Your Brain With Unique **Gift Ideas**.

Access **Surprising** And **Essential Supplies!**

CHECK OUT OUR MONTHLY SELECTION NOW!

- Expertly Crafted Products -

NOTEBOOK:

SEE YOU SOON!

Delta Classics Team

ENJOY FREE GAMES

NOW ON

↓

BESTACTIVITYBOOKS.COM/FREEGAMES